EN CUISINE AVEC
Vanessa & David
Douillet

Responsable éditoriale : Élise Bigot
Assistante éditoriale : Héloïse Moulard
Fabrication : Manon Pouch
Relecture : Sandrine Decroix
Conception et réalisation graphiques : Studio Recto Verso
Photographies : ©Martin Einer
Stylisme culinaire : Vincent Amiel

82, rue Saint-Lazare, CS 10124, 75009 Paris
https://editions.flammarion.com/
ISBN : 978-2-0804-9096-4
N° d'édition : 660954
Dépôt légal : octobre 2025

PEFC
10-31-1800
Certifié PEFC
Ce produit est issu de forêts gérées durablement et de sources contrôlées
www.pefc-france.org

EN CUISINE AVEC

Vanessa & David Douillet

80 recettes du quotidien

Flammarion

Sommaire

Bienvenue dans notre cuisine,
celle où chaque plat raconte une histoire, où chaque saveur est un souvenir en devenir, et où chaque moment passé aux fourneaux est un acte d'amour.

Nous sommes Vanessa et David Douillet, un couple aux racines profondes, entre l'Italie et la Normandie, aujourd'hui installés en Bresse, une région qui nous inspire autant qu'elle nous accueille. Ce livre est bien plus qu'une simple collection de recettes : c'est un recueil de nos vies, de nos rires, de nos traditions, et de cette flamme que nous souhaitons transmettre à vous, lecteurs, et aux générations futures.

Vous y trouverez des recettes ponctuées de saveurs locales, qui nous ressemblent et qui reflètent nos goûts évoluant au fil du temps. La cuisine nous accompagne dans chaque étape de notre vie : elle s'adapte, elle nous surprend, et surtout, elle remplit notre mémoire de moments inoubliables vécus en famille ou entre amis.

Nous croyons en la simplicité et en la saisonnalité des produits, en la beauté des petites tables familiales et en la puissance des liens que chaque repas construit. Nous espérons que ce livre sera un cadeau pour vous, une invitation à cuisiner ensemble en toute liberté, sans complexes, et avec joie.

Alors, à vous d'enfiler le tablier, de jouer avec les ingrédients, de goûter, de rire, de discuter et d'aimer chaque instant autour de la table. La cuisine, bien plus qu'un repas, c'est le goût du partage, le plaisir d'offrir, et la création de souvenirs pour toute une vie.

À vos tabliers, prêts pour ce voyage gourmand où chacun trouvera de quoi régaler son monde !

Vanessa & David Douillet

GRANOLA

Chez nous, l'art de la table, c'est l'art de vivre

Chez nous, la table, c'est bien plus qu'un endroit où l'on mange. C'est un vrai lieu de vie, de partage, de discussions… et de souvenirs.

On adore dresser une jolie table. Pas seulement quand on reçoit du monde, mais aussi au quotidien. Parce qu'au fond, chaque repas est une occasion spéciale.

Alors oui, chez nous, la belle vaisselle ne reste pas au fond du placard. On utilise très souvent l'argenterie de la grand-mère de David : on trouve tellement dommage de la réserver uniquement aux grandes occasions. Au contraire, on pense que la vie, c'est justement ça : sublimer l'ordinaire, faire de chaque repas un joli moment. L'argenterie de sa grand-mère a une histoire, un vécu, et elle continue de faire partie de notre quotidien.

Et puis, il y a toujours des fleurs ou un petit élément de décoration sur notre table. Parfois un beau bouquet fraîchement cueilli au jardin, parfois une seule rose posée dans un petit vase… mais toujours un petit détail fleuri, quelque chose qui apporte douceur, couleur et poésie. Ça change tout. Ça crée une ambiance.

On aime les tables vivantes. Celles où les plats sont posés au centre, où chacun se sert librement selon ses envies. Ce côté convivial, simple et généreux nous ressemble. Ça circule, ça discute, ça se ressert, ça rigole… c'est chaleureux.

Finalement, nous sommes convaincus que l'art de la table, c'est avant tout l'art de faire plaisir. C'est rendre les repas encore plus beaux, encore plus gourmands, encore plus joyeux. Parce qu'au fond, chaque repas mérite d'être une belle occasion.

Chez nous, chaque repas devient un souvenir. Une belle table, un peu de fleurs, la vaisselle de famille… et beaucoup d'amour à partager.

Soupes *et* **bouillons**

Soupe de cresson de mémé Blanche

POUR 4 PERSONNES

Ingrédients

1 botte de cresson frais

2 c. à s. de beurre ou d'huile d'olive

1 oignon, finement émincé

1 gousse d'ail, hachée

2 pommes de terre moyennes, pelées et coupées en cubes

1 L de bouillon de légumes (ou de volaille, pour plus de saveur)

Sel, poivre

Crème fraîche ou lait (facultatif, pour plus de douceur)

"

La soupe d'enfance de David...

La soupe de cresson est un plat simple et plein de saveur. Pourtant, peu de gens osent cuisiner le cresson, souvent par manque d'habitude, alors que ce légume feuille est riche en nutriments et facile à préparer. Il peut être aussi bien utilisé en salade comme dans des sauces. D'ailleurs, la grand-mère de David cultivait du cresson : en plus d'être riche en vitamines A et C, en fer et en calcium, le cresson est un excellent détoxifiant pour l'organisme.
Les bienfaits de cette soupe la rendent précieuse.

Préparation

1. Rincez le cresson à l'eau froide et retirez les tiges épaisses. Conservez les feuilles et les tiges fines.

2. Dans une grande casserole, faites fondre le beurre ou chauffez l'huile à feu moyen. Ajoutez l'oignon et l'ail, et faites-les revenir jusqu'à ce qu'ils soient tendres et dorés.

3. Ajoutez les cubes de pommes de terre dans la casserole, puis versez le bouillon. Portez à ébullition, puis laissez mijoter environ 15 minutes, jusqu'à ce que les pommes de terre soient tendres.

4. Ajoutez le cresson dans la casserole et laissez cuire encore 5 minutes, juste assez pour attendrir les feuilles et libérer leur saveur.

5. Retirez la casserole du feu et mixez la soupe avec un mixeur plongeant jusqu'à obtenir une consistance lisse. Ajoutez de l'eau ou du bouillon si elle est trop épaisse.

6. Salez, poivrez et, si désiré, ajoutez un peu de crème fraîche pour plus d'onctuosité. Servez bien chaud, avec une touche de crème ou quelques feuilles de cresson pour la décoration.

Soupe de légumes

POUR 5 PERSONNES

La soupe fait partie de notre quotidien, et nous en préparons très souvent, que ce soit en entrée ou en plat principal. Accompagnée de fromage râpé, de croûtons dorés ou de tartines, elle devient un repas réconfortant et savoureux. L'une des plus belles choses avec la soupe, c'est sa polyvalence : nous pouvons facilement changer les légumes selon les saisons ou nos envies. Cela nous permet de varier les plaisirs tout en profitant d'un plat nutritif et délicieux.

Ingrédients

4 pommes de terre, pelées et coupées en dés

3 carottes, pelées et coupées en rondelles

2 courgettes, coupées en dés

1 L d'eau

1 cube de bouillon de légumes

Sel, poivre

Préparation

1. Dans une grande casserole, mettez les pommes de terre, les carottes et les courgettes.
2. Versez l'eau sur les légumes et ajoutez le cube de bouillon de légumes.
3. Chauffez à feu vif jusqu'à ce que l'eau commence à bouillir.
4. Réduisez le feu et laissez mijoter pendant environ 20 minutes, jusqu'à ce que les légumes soient tendres.
5. Mixez la soupe à l'aide d'un mixeur plongeant jusqu'à obtenir une consistance lisse.
6. Assaisonnez avec du sel et du poivre selon votre goût.
7. Servez chaud et savourez !

Bouillon maison

POUR 5 PERSONNES

Ingrédients

1 oignon, coupé en quartiers

2 carottes, coupées en morceaux

2 branches de céleri, coupées en morceaux

1 tête d'ail, coupée en deux (facultatif)

1 bouquet garni (thym, laurier, persil)

10 grains de poivre

2 L d'eau

Sel

Faire son propre bouillon, c'est à la fois simple et gratifiant. Non seulement il est plus savoureux que les versions industrielles, mais il vous permet aussi de contrôler les ingrédients. Après avoir préparé votre bouillon maison, vous pouvez le verser dans des moules à glaçons ou des bacs à cubes et le congeler. Ainsi, vous aurez toujours sous la main des portions pour agrémenter vos soupes, sauces et plats. Voici une recette facile pour réaliser un bouillon maison délicieux et réconfortant ! Mais si vous manquez de temps, n'hésitez pas à acheter des cubes de bouillon au supermarché ; il n'y a aucune raison de culpabiliser, l'essentiel est de se faire plaisir en cuisine !

Préparation

1. Dans une grande casserole, mettez tous les ingrédients : l'oignon, les carottes, le céleri, l'ail, le bouquet garni, les grains de poivre, et l'eau.
2. Faites chauffer à feu vif jusqu'à ce que le mélange commence à bouillir.
3. Réduisez le feu et laissez mijoter à découvert pendant 1 à 2 heures. Plus vous laissez mijoter longtemps, plus le bouillon sera riche en saveurs.
4. Filtrez le bouillon à l'aide d'un chinois ou d'une passoire fine pour retirer les légumes et les épices.
5. Laissez refroidir, puis versez le bouillon dans des bacs à glaçons ou des moules à cubes.
6. Congelez jusqu'à ce qu'ils soient solidifiés. Une fois congelés, démoulez les cubes et conservez-les dans un sac de congélation.

Soupe de pomme de terre, riz

POUR 5 PERSONNES

Parfaite pour les soirs où nous sommes pressés, les lendemains difficiles ou les jours où l'énergie manque. Quelques ingrédients, une cuisson sans prise de tête, et en un rien de temps, une soupe chaude et gourmande à savourer avec beaucoup de parmesan.

Ingrédients

2 courgettes moyennes, coupées en dés

3 pommes de terre moyennes, coupées en dés

1 gousse d'ail, coupée en deux

3 poignées de riz (environ 120 g)

1,5 L d'eau

Sel, poivre

Parmesan râpé (généreusement, pour servir)

Préparation

1 Mettez tous les ingrédients (courgettes, pommes de terre, ail et riz) dans une grande casserole avec l'eau froide.

2 Portez à ébullition, puis laissez à feu moyen.

3 Lorsque les pommes de terre sont tendres, environ 20 minutes après l'ébullition, la soupe est prête.

4 Retirez la gousse d'ail. Salez et poivrez selon votre goût.

5 Servez bien chaud avec beaucoup de parmesan râpé par-dessus.

Bouillon de la mer

POUR 4 PERSONNES

Ingrédients

1,5 L d'eau

1 cube de bouillon de légumes

300 g de cabillaud

300 g de colin

300 g de saumon (filets frais ou surgelés, coupés en gros morceaux)

Riz blanc en accompagnement

Gingembre frais râpé (facultatif, à ajouter au moment du service)

Coriandre fraîche ciselée (facultatif, à ajouter au moment du service)

Recette simple et réconfortante. C'est un plat que nous faisons quand nous avons besoin de simplicité. Du poisson, de l'eau chaude, un bouillon cube, du riz à côté. Pas besoin de vider le réfrigérateur. Et pour ceux qui aiment, nous râpons un peu de gingembre et ciselons de la coriandre fraîche juste avant de servir. Nous achetons souvent le poisson congelé.

Préparation

1. **Faire chauffer le bouillon :** portez l'eau à ébullition avec le cube de bouillon de légumes.

2. **Cuire le poisson :** plongez les morceaux de cabillaud, de colin et de saumon dans l'eau frémissante. Laissez cuire 8 à 10 minutes à feu doux, jusqu'à ce que le poisson soit juste cuit. (Si le poisson est surgelé, ajoutez 2 à 3 minutes de cuisson.)

3. **Servir :** dans des bols ou des assiettes creuses, disposez quelques cuillérées de riz, ajoutez les morceaux de poisson, puis versez le bouillon chaud par-dessus. Râpez du gingembre frais et parsemez de coriandre ciselée, selon vos goûts.

”

David aime ajouter de la sauce soja salée dans son bouillon.

Astuce

Vous pouvez congeler du poisson frais en portions à l'avance pour avoir toujours de quoi faire cette recette. C'est un plat doux, facile à digérer, et parfait pour les soirs de fatigue ou les lendemains de fête.

Minestrone de Gemma

POUR 5 PERSONNES

C'est vraiment la madeleine de Proust de Vanessa : elle lui rappelle son enfance, son arrière-grand-mère et ses grands-parents. C'est un plat unique et réconfortant qu'on peut manger toute l'année. De plus, c'est un plat complet que les enfants adorent et qui, l'hiver, change de la soupe habituelle.

Ingrédients

1 gros oignon, émincé

2 pommes de terre moyennes, coupées en petits dés

2 courgettes moyennes, coupées en petits dés

1 branche de céleri, coupée en petits dés

2 à 3 tomates fraîches hachées ou 1 petite boîte (250 g) de tomates concassées

2 L d'eau

1 boîte de haricots rouges (500 g rincés et égouttés)

150 g de spaghettis, en morceaux

2 grosses c. à s. de pistou

Parmesan râpé (pour servir)

Huile d'olive

Préparation

1 Faites revenir l'oignon dans un peu d'huile d'olive, dans une grande casserole.

2 Ajoutez les pommes de terre, les courgettes, le céleri et les tomates.

3 Couvrez d'eau jusqu'à 15 cm au-dessus des légumes et portez à ébullition.

4 Laissez mijoter à feu moyen pendant 30 minutes.

5 Ajoutez les haricots rouges et poursuivez la cuisson encore 15 minutes.

6 Ajoutez les spaghettis cassés et faites cuire le temps indiqué sur le paquet pour une cuisson *al dente*.

7 Hors du feu, incorporez le pistou et mélangez bien.

8 Servez chaud avec du parmesan râpé.

Salés

Starters et plats

Mayonnaise maison

POUR 250 G DE MAYONNAISE

Ingrédients

2 jaunes d'œufs (à température ambiante)

2 c. à s. de moutarde (de Dijon ou autre, selon préférence)

200 à 250 ml d'huile de tournesol

Vinaigre de vin

Sel, poivre

Recette simple, inratable, et idéale pour accompagner vos plats.

Préparation

1 **Préparer les jaunes d'œufs et la moutarde :** dans un bol, mettez les jaunes d'œufs et ajoutez les 2 c. à s. de moutarde (à température ambiante).

2 Assaisonnez avec du sel et du poivre, puis fouettez jusqu'à ce que l'ensemble soit homogène.

3 **Monter la mayonnaise :** en fouettant vigoureusement, ajoutez l'huile de tournesol petit à petit (très lentement au début pour éviter que la mayonnaise ne se sépare).

4 Quand la mayonnaise commence à prendre, versez l'huile un peu plus vite, tout en continuant à fouetter.

5 **Ajuster :** une fois que la mayonnaise est bien montée et a pris une consistance ferme, ajustez l'assaisonnement si nécessaire.

6 En fin de montage, ajoutez un filet de vinaigre de vin.

Mayonnaise aïoli

POUR 250 G DE MAYONNAISE

Une version parfumée avec de l'ail, crémeuse et parfaite pour accompagner vos plats méditerranéens.

Ingrédients

2 jaunes d'œufs (à température ambiante)

2 c. à s. de moutarde

200 à 250 ml d'huile de tournesol

2 gousses d'ail

Sel, poivre

Préparation

1 **Préparer l'ail :** épluchez les 2 gousses d'ail et moulinez-les dans un mixeur avec un peu d'huile de tournesol pour créer une purée d'ail.

2 Passez cette purée d'ail dans un chinois pour enlever les morceaux et obtenir une texture lisse.

3 **Monter la mayonnaise :** dans un bol, mettez les 2 jaunes d'œufs et ajoutez la moutarde.

4 Assaisonnez avec du sel et du poivre, puis commencez à fouetter.

5 Versez l'huile de tournesol petit à petit, en fouettant vigoureusement jusqu'à ce que la mayonnaise prenne.

6 **Ajouter l'ail :** une fois la mayonnaise montée à moitié, ajoutez la purée d'ail passée au chinois et mélangez bien pour l'incorporer. Continuez à monter la mayonnaise.

7 **Ajuster :** goûtez et ajustez le sel et le poivre selon vos préférences.

Œufs durs

mayonnaise et aïoli

POUR 5 PERSONNES

Ingrédients

10 œufs

Coupez les œufs durs en deux et ajoutez une touche de mayonnaise ou d'aïoli : un classique qui fait toujours la différence.

Préparation

1 **Cuire les œufs :** faites cuire les œufs dans de l'eau bouillante pendant 10 minutes.

2 Plongez-les dans l'eau froide pour stopper la cuisson et écalez-les.

3 **Servir :** coupez les œufs en deux et déposez une petite cuillérée de mayonnaise maison ou d'aïoli sur chaque moitié.

Œufs et pommes de terre

à la crème de mémé Blanche

POUR 4 PERSONNES

Un plat rustique, fondant et sans artifice mais terriblement gourmand. Pour David, c'est avant tout une recette simple et savoureuse, chargée de souvenirs, que sa grand-mère lui préparait lorsqu'il était enfant.

Ingrédients

6 grosses pommes de terre

8 œufs

50 cl (ou plus) de crème épaisse entière d'excellente qualité

Sel, poivre

1 pincée de muscade ou d'herbes fraîches pour parfumer (facultatif)

Préparation

1 **Cuire les pommes de terre :** épluchez les pommes de terre et coupez-les en gros morceaux (en quatre).

2 Faites-les cuire dans une grande casserole d'eau bouillante salée pendant 20 minutes environ, jusqu'à ce qu'elles soient tendres mais pas écrasées. Égouttez.

3 **Cuire les œufs :** faites cuire les œufs durs 10 minutes dans l'eau bouillante.

4 Passez-les sous l'eau froide, écalez-les. Laissez-les entiers ou coupés en deux.

5 **Préparer la crème :** dans une casserole, faites chauffer la crème à feu doux. Salez, poivrez.

6 Vous pouvez ajouter une pincée de muscade pour relever le tout, ou un peu d'herbes fraîches.

7 **Montage :** dans un grand plat (pas trop profond mais assez large), disposez les pommes de terre et les œufs.

8 Versez toute la crème chaude par-dessus, en veillant à ce que tout soit bien baigné.

9 **Cuisson finale :** enfournez à 180 °C pendant 15 minutes, juste pour que le tout soit bien chaud et que la crème pénètre les pommes de terre.

Salade fraîcheur

melon, tomate, menthe et citron, avec tuiles de parmesan

POUR 6 PERSONNES

Ingrédients

Pour la salade

2 melons bien mûrs

6 tomates moyennes

Le jus de 1 citron jaune

Une dizaine de feuilles de menthe fraîche

Quelques brins de coriandre fraîche (facultatif)

2 c. à s. d'huile d'olive ou de noix

Sel, poivre

Pour les tuiles de parmesan

100 g de parmesan râpé

Chez nous, l'été rime avec fraîcheur. Cette salade melon, tomate, menthe et citron, on l'adore. Préparée à deux ou avec les enfants, partagée en toute simplicité, avec des tuiles de parmesan pour le croquant.

Préparation

1 **Préparer les ingrédients :** coupez les melons en deux, retirez les graines, puis détaillez la chair en dés réguliers. Lavez les tomates et coupez-les en quartiers ou en dés. Ciselez finement les feuilles de menthe et de coriandre (si utilisée).

2 **Assembler la salade :** dans un grand saladier, mélangez les dés de melon et de tomate. Ajoutez la menthe et la coriandre ciselées. Arrosez avec le jus de citron et l'huile d'olive ou de noix. Salez et poivrez selon vos goûts. Mélangez délicatement pour ne pas écraser les morceaux. Réservez au frais.

3 **Préparation des tuiles de parmesan :** préchauffez votre four à 200 °C (th. 6-7).

4 **Former les tuiles :** sur une plaque recouverte de papier cuisson, déposez de petits tas de parmesan râpé (environ 1 cuillérée à soupe chacun), bien espacés. Étalez chaque tas avec le dos d'une cuillère pour former des disques fins.

5 **Cuire les tuiles :** enfournez pour 5 à 7 minutes, jusqu'à ce que les tuiles soient dorées et croustillantes. Sortez-les du four et laissez-les refroidir sur une grille. Elles durciront en refroidissant.

6 **Ajouter les tuiles de parmesan pour apporter du croquant :** plantez délicatement une ou deux tuiles dans chaque portion de salade.

Tartines gourmandes

au fromage frais et aux légumes grillés

POUR 4 TARTINES

Ces tartines sont l'accompagnement idéal de toutes les soupes ; elles ajoutent une touche gourmande et savoureuse à chaque bol.

Ingrédients

1 petite courgette, tranchée finement

4 champignons de Paris, tranchés

1 oignon rouge, émincé

2 c. à s. d'huile d'olive

4 tranches de pain de campagne ou de pain complet

100 g de fromage frais (chèvre frais, ricotta ou fromage à tartiner)

1 c. à s. de miel

1 pincée de paprika

Quelques feuilles de roquette ou de basilic (pour la décoration)

Sel, poivre

Préparation

1 **Préparer les légumes grillés :** préchauffez le four à 200 °C. Dans un saladier, mélangez les tranches de courgette, de champignons et l'oignon rouge avec l'huile d'olive, du sel et du poivre.

2 Étalez les légumes en une couche uniforme sur une plaque recouverte de papier sulfurisé et enfournez pendant environ 15 à 20 minutes, en remuant à mi-cuisson, jusqu'à ce qu'ils soient tendres et légèrement dorés.

3 **Préparer les tartines :** pendant que les légumes cuisent, faites griller les tranches de pain de campagne au grille-pain ou sous le gril du four, jusqu'à ce qu'elles soient croustillantes.

4 **Garnisser les tartines :** étalez une couche généreuse de fromage frais sur chaque tranche de pain grillée. Ajoutez une portion de légumes grillés sur le dessus.

5 **Ajouter une touche sucrée et décorative :** versez un filet de miel sur chaque tartine pour équilibrer les saveurs. Saupoudrez une pincée de paprika pour un léger piquant et un goût subtil. Décorez avec quelques feuilles de roquette ou de basilic.

6 **Service :** servez les tartines encore tièdes, accompagnées par exemple de la soupe de cresson (recette p. 12).

Tartines avocat citronnées

aux œufs et au chèvre

POUR 4 TARTINES

Ingrédients

2 œufs durs

80 g de fromage de chèvre bûche

Le jus de 1/2 citron

1 c. à c. d'huile d'olive

1 avocat mûr ou surgelé

1 c. à c. d'huile de noix

4 tranches de pain complet, de seigle ou de levain

Sel, poivre

Graines de sésame ou pignons grillés

Noix émiettées (facultatif)

Astuce

Pour une texture et une saveur optimales, Faites griller le pain et réalisez le montage au dernier moment, afin de préserver le croustillant du pain et la fraîcheur des ingrédients.

Parfaites pour un brunch gourmand ou un dîner léger, ces tartines allient le crémeux de l'avocat, la douceur du chèvre et la finesse des œufs hachés, le tout relevé par une touche de citron. Servies avec une petite soupe, elles composent un repas équilibré et savoureux.

Préparation

1 **Cuire les œufs :** plongez les œufs dans l'eau bouillante et faites-les cuire 10 minutes. Passez-les sous l'eau froide, écalez-les.

2 **Émietter ensemble les œufs et le chèvre :** dans un bol, écrasez les œufs avec le fromage de chèvre.

3 Ajoutez le jus de citron, un filet d'huile d'olive, du sel et du poivre.

4 Mélangez à la fourchette pour obtenir une préparation homogène et légèrement granuleuse.

5 **Préparer l'avocat :** écrasez l'avocat avec une pincée de sel et un peu de jus de citron pour éviter qu'il ne noircisse et un filet d'huile de noix.

6 **Toaster le pain :** faites griller les tranches jusqu'à ce qu'elles soient bien croustillantes.

7 **Assembler les tartines :** étalez une couche d'écrasé d'avocat.

8 Répartissez uniformément le mélange citronné œufs-chèvre sur le dessus.

9 Étalez une autre couche d'avocat

10 **Finaliser :** saupoudrez de graines de sésame ou de pignons grillés pour une touche croquante. Vous pouvez aussi mettre des noix émiettées.

Pain à la tomate de Luciano

Un pain simple, savoureux et chargé de souvenirs. Luciano, le grand-père de Vanessa, lui préparait pour le goûter : du bon pain, de l'huile d'olive et des tomates fraîches. Aujourd'hui, on le décline en plusieurs versions selon l'envie ou les ingrédients tirés du placard.

Préparation (version classique)

1. Grillez légèrement les tranches de pain.
2. Frottez-les avec une demi-tomate fraîche coupée, puis ajoutez quelques morceaux de tomates sur le pain ou écrasez-la dessus à la cuillère. Utilisez de préférence du pain avec une base bien stable, comme une baguette tradition, coupée dans la longueur : cela évite que la tomate ne glisse.
3. Arrosez d'un filet d'huile d'olive et saupoudrez d'un peu de fleur de sel.
4. Dégustez encore tiède.

Astuce

À adapter selon la saison, les restes du frigo, ou les envies du moment. Ce pain à la tomate devient une base parfaite pour un apéritif, un goûter ou un dîner léger.

Astuce gourmande

Pour relever le goût, frottez légèrement le pain chaud avec une gousse d'ail.

Ingrédients de base

Tranches de baguette tradition coupées dans la longueur (avec mie épaisse, pour bien tenir la garniture)

Tomates fraîches bien mûres ou tomates séchées à l'huile

Huile d'olive de qualité

Fleur de sel

Variantes

Remplacez la tomate fraîche par des tomates séchées à l'huile.

Ajoutez une cuillère de pesto (basilic) avant la tomate.

Ajoutez quelques morceaux de burrata, bien crémeuse, juste avant de servir.

Ajoutez des poivrons grillés mixés avec de l'huile.

Parsemez de roquette fraîche pour une touche verte et poivrée.

Ajoutez des pignons de pin grillés pour le croquant.

Passez au four quelques minutes pour une version chaude légèrement gratinée.

Recette express
pour soirs de semaine

Wraps au four

POUR 4 PERSONNES

Ingrédients

1 oignon (facultatif)

1 boîte de haricots rouges (500 g rincés et égouttés)

1 petite boîte de maïs (rincé et égoutté)

1 tomate coupée en dés (ou concassée en boîte)

4 wraps ou galettes de blé

70 g de fromage râpé

Épices : cumin, paprika doux

Huile d'olive

Sel, poivre

Une recette rapide, familiale et modulable selon ce que vous avez dans le frigo.

Préparation

1. Préchauffez le four à 180 °C.
2. Dans une poêle, faites revenir l'oignon émincé dans un peu d'huile d'olive. Ajoutez les haricots, le maïs, la tomate et les épices.
3. Laissez mijoter 5 à 7 minutes.
4. Garnissez chaque wrap de cette préparation, ajoutez un peu de fromage râpé et roulez-les.
5. Déposez les wraps roulés dans un plat, saupoudrez à nouveau de fromage et enfournez 10 minutes.
6. Servez avec une salade verte ou une sauce yaourt-citron.

Croque-monsieur

aux œufs et aux épinards

Recette express
pour soirs de semaine

POUR 4 CROQUES

Une version du croque-monsieur avec une touche de verdure !

Ingrédients

100 g d'épinards frais ou surgelés

1 c. à s. d'huile d'olive

3 œufs

80 g de fromage râpé (emmental ou comté)

8 tranches de pain de mie complet avec ou sans croûte

Sel, poivre

Préparation

1 Faites revenir les épinards dans un peu d'huile d'olive jusqu'à ce qu'ils réduisent. Salez et poivrez.

2 Dans un bol, battez les œufs. Ajoutez les épinards tiédis et un peu de fromage.

3 Garnissez 4 tranches de pain avec ce mélange, recouvrez avec les autres tranches.

4 Faites cuire dans un appareil à croque-monsieur ou à la poêle avec un peu de matière grasse, jusqu'à ce que le pain soit doré et le fromage fondu.

5 Servez avec une salade ou quelques crudités.

Recette express
pour soirs de semaine

Curry express

de pois chiches et de légumes

POUR 4 PERSONNES

Ingrédients

1 oignon, émincé

1 c. à s. d'huile d'olive

2 carottes coupées en rondelles

1 courgette ou 1 poivron coupé en dés

1 boîte de pois chiches (rincés et égouttés)

1 c. à s. de pâte ou de poudre de curry doux

15 cl de lait de coco

Sel, poivre

Coriandre ou persil (facultatif)

Un plat réconfortant, végan, riche en protéines végétales et très rapide à réaliser.

Préparation

1 Dans une poêle ou une sauteuse, faites revenir l'oignon avec l'huile.

2 Ajoutez les carottes et la courgette (ou le poivron), faites revenir 5 minutes.

3 Ajoutez les pois chiches, le curry, le sel, le poivre et le lait de coco.

4 Laissez mijoter 10 minutes à feu moyen.

5 Servez avec du riz basmati ou du quinoa.

6 Ajoutez un peu de coriandre fraîche selon vos goûts.

Poêlée de gnocchis et de légumes

Recette express pour soirs de semaine

POUR 4 PERSONNES

Une poêlée rapide à préparer et ultra-gourmande. Tout le monde adore.

Ingrédients

1 petit oignon, émincé

1 courgette, coupée en petits morceaux

1 poignée de tomates cerises

1 paquet de gnocchis à poêler

Huile d'olive

Origan, basilic

Parmesan ou fromage râpé (facultatif)

Préparation

1. Faites revenir l'oignon et la courgette dans une poêle avec un peu d'huile d'olive.
2. Ajoutez les tomates cerises coupées en deux.
3. Ajoutez les gnocchis à poêler, mélangez bien, et laissez cuire environ 7 à 10 minutes jusqu'à ce qu'ils soient dorés.
4. Ajoutez les herbes et éventuellement du parmesan ou du fromage râpé.
5. Servez aussitôt avec une salade verte.

Recette express
pour soirs de semaine

Galettes de thon express

POUR 6 GALETTES

Ingrédients

1 boîte de thon au naturel (140 g égoutté)

1 œuf

2 c. à s. de chapelure (ou de flocons d'avoine mixés)

1 c. à s. de moutarde (facultatif)

1 c. à s. de persil ou de ciboulette ciselée

Sel, poivre

Huile pour la cuisson

Une recette simple, rapide et économique à base d'ingrédients du quotidien.

Préparation

1. Dans un bol, mélangez le thon égoutté avec l'œuf, la chapelure, la moutarde et les herbes.
2. Formez 6 petites galettes à la main.
3. Faites cuire 3 à 4 minutes de chaque côté dans une poêle chaude avec un peu d'huile.
4. Servez chaud avec une purée de légumes ou une salade croquante.

Snack salé express

POUR 2 PERSONNES

Recette express
pour soirs de semaine

Franchement… qui n'a jamais eu un petit creux soudain et irrésistible ?

C'est une recette de dépannage idéale : rapide, simple et efficace.

Un sandwich de pain de mie qui passe au grille-pain : ça grille, ça fond, ça croustille… et une fois coupé en petits carrés, cela convient parfaitement pour un apéritif improvisé.

Ingrédients

2 tranches de pain de mie sans croûte

1 tranche de jambon

1 tranche de fromage (type emmental, cheddar, comté…)

Variantes

Varier avec du jambon cru, du saumon, ou même une version végétarienne avec juste du fromage et de la moutarde. Et pour les becs sucrés, vous pouvez remplacer par une barre de chocolat à l'intérieur.

J'ai trouvé un accessoire hyper pratique : des petits toast bags réutilisables.

Ce sont des pochettes toutes fines dans lesquelles on glisse son croque avant de le mettre au grille-pain. Ça cuit parfaitement, le fromage fond à l'intérieur et ça ne coule pas dans le grille-pain.

Préparation

1. Déposez une tranche de jambon et une tranche de fromage entre vos 2 tranches de pain de mie.
2. Passez le tout au grille-pain (oui, directement !) jusqu'à ce que le pain soit bien doré et que le fromage commence à fondre.
3. Sortez-le, coupez-le en 4 petits carrés.
4. Servez immédiatement : ça se mange brûlant, croustillant, fondant… parfait pour un snack ou un apéro qui ne demande aucune préparation.

Pistou maison

POUR 4 PERSONNES

Ingrédients

2 gousses d'ail

1 gros bouquet de basilic (environ 30 feuilles)

60 ml d'huile d'olive

30 g de pignons de pin

Peut être congelé pour une autre utilisation.

Préparation

1. Hachez finement l'ail.
2. Mettez l'ail et le basilic dans un mixeur.
3. Ajoutez l'huile d'olive et mixez jusqu'à obtention d'une sauce homogène.
4. Conservez dans un pot hermétique au réfrigérateur ou congelez en portions.

Pizza party

POUR 5 BOULES DE PIZZA

Ingrédients

Pour la pâte

500 g de farine

½ c. à c. de sel

5 g de levure fraîche (environ ⅛ de bloc)

1 verre d'eau

½ œuf (ou battez un œuf et utilisez la moitié)

37,5 ml de bière (environ 2,5 c. à s.)

Pour la garniture

Sauce tomate ou crème

Mozzarella

Huile d'olive

Sel et origan

La pizza party, c'est sacré ! On choisit une soirée, on prépare la pâte maison, et on sort tous les ingrédients qu'on aime : sauce tomate, crème, mozzarella, jambon, champignons, olives, poivrons, basilic frais, origan... Chacun fait sa propre pizza, à son goût, sans règles, sans jugement – juste du plaisir. C'est simple, convivial, et toujours un super moment en famille.

Préparation

1. **Préparer la pâte :** dans un grand bol, mélangez la farine et le sel. Diluez la levure dans un peu d'eau tiède (prise du verre d'eau) et ajoutez-la à la farine. Ajoutez l'œuf, l'eau, et la bière. Pétrissez la pâte pendant environ 10 minutes jusqu'à obtenir une texture souple et élastique. Laissez reposer la pâte pendant 1 à 2 heures, recouverte d'un linge, jusqu'à ce qu'elle double de volume. Divisez en 5 boules égales, puis laissez reposer encore 30 minutes avant de les étaler.

2. **Préchauffer le four :** faites chauffer votre four à sa température maximale.

3. **Préparer la pizza :** sur une surface légèrement farinée, étalez chaque boule de pâte en un disque d'environ 2 cm d'épaisseur (ou plus fin selon vos préférences). Étalez une fine couche de sauce tomate ou de crème sur la pâte, en laissant un petit bord pour la croûte. Ajoutez la mozzarella et les ingrédients de votre choix. Terminez par un filet d'huile d'olive, une pincée de sel et un peu d'origan.

4. **Cuisson :** glissez la pizza dans le four chaud et laissez cuire pendant 8 à 10 minutes. Surveillez la cuisson : la croûte doit être dorée, croustillante à l'extérieur et moelleuse à l'intérieur.

5. Sortez la pizza du four et ajoutez des garnitures fraîches comme le basilic, si désiré.

Vous pouvez en faire plus pour la congeler

1 Préparez la pâte selon la recette, jusqu'à l'étape où elle a levé.

2 Divisez-la en boules de la taille souhaitée pour chaque pizza.

3 Enveloppez chaque boule dans du film plastique ou placez-la dans un sac de congélation hermétique, en retirant un maximum d'air.

4 Placez les boules de pâte au congélateur.

5 **Utilisation après congélation :** Quand vous êtes prêt à utiliser la pâte, sortez la boule de pâte du congélateur et laissez-la décongeler au réfrigérateur pendant plusieurs heures (idéalement, toute une nuit).

6 Sortez-la du réfrigérateur environ 30 minutes avant de l'étaler pour qu'elle soit à température ambiante.

Et, entre nous, il y a toujours un petit concours pour savoir qui fera la plus belle… ou la plus gourmande ! ”

← Pizza party

Tarte verte

torta verde

POUR 6 PERSONNES

Une délicieuse façon d'introduire des légumes dans les repas familiaux sans en avoir l'air ! Cette tarte italienne, aussi simple que savoureuse, se déguste aussi bien chaude que froide. Parfaite en entrée, en plat principal, ou même en petits morceaux pour l'apéritif.

Ingrédients

Pour la pâte brisée

250 g de farine

60 ml d'huile d'olive

100 ml d'eau tiède (ajustez selon la texture de la pâte)

1 pincée de sel

Pour la garniture

1 oignon, finement émincé

800 g de courgettes

150 g de blettes, épinards ou autres légumes verts, hachés

2 poignées de riz cru (environ 100 g)

4 œufs

50 g de fromage râpé (parmesan ou pecorino)

Herbes fraîches (facultatif)

Sel, poivre

Huile d'olive

Préparation

1. **Préparer la pâte :** dans un bol, mélangez la farine, l'huile d'olive, et le sel. Versez l'eau tiède petit à petit en pétrissant jusqu'à obtenir une pâte souple et élastique.

2. Divisez la pâte en deux portions égales : une pour le fond et l'autre pour recouvrir la tarte. Laissez reposer 30 minutes sous un torchon.

3. **Préparer la garniture :** faites revenir l'oignon dans un peu d'huile d'olive jusqu'à ce qu'il devienne translucide. Coupez les courgettes en petits dés et hachez les autres légumes verts.

4. Dans un grand bol, mélangez les légumes avec le riz (cru), les œufs battus, le fromage le sel et le poivre.

5. Ajoutez des herbes fraîches si vous le souhaitez et mélangez bien pour obtenir une garniture homogène.

→

6 **Assembler la tarte :** préchauffez le four à 180 °C.

7 Étalez la première portion de pâte et disposez-la dans un moule huilé. Piquez la pâte avec une fourchette en laissant un léger débord sur les côtés.

8 Versez la garniture dans le moule en l'étalant bien, puis recouvrez avec la deuxième portion de pâte. Appuyez bien sur les bords pour sceller les deux pâtes ensemble.

9 Badigeonnez la surface d'huile d'olive et piquez-la avec une fourchette pour éviter qu'elle ne gonfle pendant la cuisson.

10 **Cuisson :** enfournez pendant 40 à 45 minutes, jusqu'à ce que la tarte soit bien dorée.

Cette tarte se déguste chaude ou à température ambiante, parfaite en entrée ou en plat principal. On peut aussi en préparer pour les pique-niques en famille. Vous pouvez aussi la couper en petits morceaux pour l'apéritif.

Si vous n'avez pas le temps ou pas l'envie de faire la pâte, il vous suffit d'acheter 2 rouleaux de pâte brisée.

Crumble salé

aux légumes variés

POUR 4 PERSONNES

Ingrédients

Pour la garniture aux légumes

2 courgettes

2 carottes

1 branche de céleri

3 tomates mûres

1 gros oignon

2 gousses d'ail

1 poireau

2 c. à s. d'huile d'olive

Herbes de Provence, thym et basilic frais

Sel, poivre

Pour la pâte à crumble

100 g de farine

50 g de parmesan râpé (ou comté, gruyère)

50 g de beurre froid, coupé en petits morceaux

1 pincée de sel

1 c. à s. de chapelure (facultatif, pour plus de croustillant)

Préparation

1 **Préparer les légumes pour la garniture :** préchauffez le four à 180 °C.

2 Découpez les courgettes, carottes, céleri et tomates en petits dés. Émincez l'oignon, hachez l'ail et coupez le poireau en rondelles fines.

3 Dans une grande poêle, faites chauffer l'huile d'olive à feu moyen. Faites revenir l'oignon, l'ail et le poireau jusqu'à ce qu'ils soient tendres et dorés.

4 Ajoutez les carottes et le céleri, laissez cuire environ 5 minutes, jusqu'à ce qu'ils commencent à s'attendrir.

5 Ajoutez les courgettes et les tomates, puis assaisonnez avec les herbes, le sel et le poivre. Faites mijoter jusqu'à ce que les légumes soient bien tendres et que le liquide des tomates ait réduit.

6 Transférez les légumes dans un plat à gratin.

7 **Préparer la pâte à crumble :** dans un bol, mélangez du bout des doigts la farine, le parmesan, et une pincée de sel.

8 Incorporez le beurre froid en sablant le mélange pour obtenir une texture de sable grossier. Ajoutez la chapelure pour encore plus de croustillant, si souhaité.

→

9 **Assemblage et cuisson :** répartissez la pâte à crumble uniformément sur les légumes.

10 Enfournez pendant 25 à 30 minutes, jusqu'à ce que le crumble soit doré et croustillant.

11 **Service :** servez bien chaud avec une salade verte pour compléter ce plat savoureux et réconfortant.

Astuces avec du jambon

Ajoutez les dés de jambon directement dans les légumes juste avant de les transférer dans le plat à gratin. Environ 100 à 150 g de jambon coupé en petits dés suffisent pour ajouter une saveur subtile sans dominer le goût des légumes.

Faites revenir les dés de jambon dans une petite poêle sans ajout de matière grasse pendant 2 à 3 minutes avant de les ajouter aux légumes. Cela permet d'éliminer l'excès d'humidité du jambon et d'en intensifier le goût.

Cette étape est rapide et permet au jambon de se marier parfaitement avec les légumes sans altérer la texture du crumble.

↑ Tarte verte, *torta verde*

↑ Crumble salé aux légumes variés

Ratatouille sans aubergines

POUR 4 PERSONNES

Ingrédients

2 c. à s. d'huile d'olive

1 gros oignon, émincé

2 gousses d'ail, hachées

2 carottes, coupées en dés

2 courgettes, coupées en dés

3 tomates mûres, coupées en dés

1 poivron (rouge ou jaune), coupé en dés (facultatif)

Herbes de Provence ou thym et basilic frais

Sel, poivre

> Comme Blanche n'apprécie pas les aubergines, nous avons adapté la recette. Résultat : une ratatouille pleine de soleil, sans aubergines, mais avec tout autant de saveur. Comme quoi, on peut rester fidèle à l'esprit d'un plat tout en le personnalisant. C'est ça, la cuisine de famille : généreuse, simple, et toujours à votre image.

Chez les Douillet, on part du principe qu'en cuisine, même les recettes les plus classiques peuvent (et doivent !) être revisitées selon vos goûts… ou ceux de vos enfants !

Préparation

1. Chauffez l'huile d'olive dans une grande poêle à feu moyen. Ajoutez l'oignon et l'ail, et faites-les revenir jusqu'à ce qu'ils soient tendres et dorés.
2. Ajoutez les carottes et faites cuire 5 minutes.
3. Ajoutez les courgettes, les tomates, et le poivron, puis assaisonnez avec du sel, du poivre et des herbes de Provence.
4. Laissez mijoter à feu doux pendant environ 20 à 30 minutes, jusqu'à ce que les légumes soient tendres et que le liquide ait réduit.

Ratatouille sans aubergines

Variante 1 : Crumble de ratatouille

Pour transformer cette ratatouille en crumble salé.

Ingrédients pour la pâte à crumble

100 g de farine

50 g de parmesan râpé (ou de fromage de votre choix)

1 pincée de sel

50 g de beurre froid, coupé en petits morceaux

1 c. à s. de chapelure (facultatif, pour un croustillant supplémentaire)

Instructions pour le crumble

1. Préchauffez le four à 180 °C.
2. Dans un bol, mélangez du bout des doigts la farine, le parmesan, et une pincée de sel. Ajoutez le beurre froid et sablez le mélange entre vos doigts pour obtenir une texture de sable grossier.
3. Disposez la ratatouille dans un plat à gratin. Répartissez la pâte à crumble uniformément sur le dessus.
4. Enfournez pendant 25 à 30 minutes, jusqu'à ce que le crumble soit doré et croustillant.

Ratatouille sans aubergines

Variante 2 : Flan de ratatouille

Pour une version flan, transformez la ratatouille en un plat crémeux et léger.

Ingrédients pour le flan

3 œufs

20 cl de crème fraîche (ou de lait pour une version plus légère)

2 c. à s. de fromage râpé (facultatif)

Sel, poivre

Muscade (facultatif)

Préparation

1 Préchauffez le four à 180 °C.

2 Préparez l'appareil à flan : dans un bol, battez les œufs avec la crème, le sel, le poivre, et une pincée de muscade si souhaité.

3 Mélangez la ratatouille avec l'appareil à flan et versez le tout dans un plat à gratin ou des ramequins individuels. Parsemez de fromage râpé si vous le souhaitez.

4 Enfournez pendant 25 à 30 minutes, jusqu'à ce que le flan soit pris et légèrement doré sur le dessus.

» Ces deux options sont parfaites pour donner une touche originale à une ratatouille classique et la transformer en plat principal !

Lasagnes à la bolognaise

POUR 6 PERSONNES

La sauce béchamel, c'est l'une des bases les plus simples de la cuisine ! Pas besoin d'avoir peur de la faire soi-même, c'est bien plus facile qu'on ne l'imagine. Avec un peu de beurre, de farine et de lait, on obtient une béchamel onctueuse en quelques minutes seulement.

Si vous manquez de temps ou de confiance, vous pouvez bien sûr en acheter une toute prête en magasin, mais il est toujours agréable de maîtriser cette petite recette de base.

Personnellement, nous gardons toujours de la viande hachée au congélateur : parfait pour préparer des lasagnes improvisées quand des amis arrivent à l'improviste. Un peu de viande, de béchamel et de pâtes, et le tour est joué pour un plat convivial sans stress !

Ingrédients

Pour la sauce bolognaise

2 c. à s. d'huile d'olive

1 gros oignon, finement haché

2 gousses d'ail, émincées

500 g de viande hachée (bœuf ou un mélange bœuf porc)

800 g de tomates concassées (en boîte)

2 c. à s. de concentré de tomate

1 c. à c. d'herbes de Provence (ou un mélange de thym et basilic)

1 c. à c. de sucre (pour atténuer l'acidité de la tomate)

Sel, poivre

Pour la béchamel

50 g de beurre

50 g de farine

500 ml de lait

1 pincée de muscade

Sel, poivre

Pour le montage

250 g de plaques de lasagnes (non précuites)

150 g de fromage râpé (mozzarella, parmesan ou un mélange des deux)

Préparation

1. **Préparer la sauce bolognaise :** dans une grande poêle, faites chauffer l'huile d'olive. Ajoutez l'oignon et l'ail, et faites-les revenir à feu moyen jusqu'à ce qu'ils soient tendres et dorés.

2. Ajoutez la viande hachée et faites-la cuire jusqu'à ce qu'elle soit bien dorée.

3. Incorporez les tomates, le concentré de tomate, les herbes, le sucre, le sel et le poivre. Laissez mijoter à feu doux pendant 20 à 30 minutes pour obtenir une sauce épaisse et savoureuse. →

4 **Préparer la béchamel :** dans une casserole, faites fondre le beurre à feu moyen. Ajoutez la farine et mélangez bien pendant 1 à 2 minutes pour obtenir un roux.

5 Versez le lait petit à petit, en remuant constamment pour éviter les grumeaux. Laissez cuire jusqu'à ce que la sauce épaississe.

6 Assaisonnez avec du sel, du poivre et une pincée de muscade.

7 **Monter les lasagnes :** préchauffez le four à 180 °C.

8 Dans un plat à gratin, étalez une fine couche de sauce bolognaise au fond.

9 Placez une première couche de plaques de lasagnes non cuites. Recouvrez de sauce bolognaise, puis ajoutez une couche de béchamel.

10 Répétez les couches (pâtes, bolognaise, béchamel) jusqu'à épuisement des ingrédients, en terminant par une couche de béchamel.

11 Pour couvrir, ajoutez une dernière couche de plaques de lasagnes sur le dessus pour éviter de mettre du papier aluminium. (Vanessa aime bien manger cette dernière couche, qu'elle trouve croquante.)

12 **Cuisson :** enfournez les lasagnes pendant 40 à 45 minutes, jusqu'à ce que le dessus soit doré et que les pâtes soient tendres.

Alternative végétarienne
aux lasagnes à la bolognaise

POUR 6 PERSONNES

Ingrédients

2 c. à s. d'huile d'olive

1 gros oignon, finement haché

2 gousses d'ail, émincées

2 carottes, coupées en petits dés

2 courgettes, coupées en petits dés

1 poivron rouge, coupé en dés

800 g de tomates concassées (en boîte)

2 c. à s. de concentré de tomate

1 c. à c. d'herbes de Provence (ou un mélange de thym et basilic)

1 c. à c. de sucre (pour atténuer l'acidité de la tomate)

Sel, poivre

Préparation

1. Dans une grande poêle, chauffez l'huile d'olive. Faites revenir l'oignon et l'ail jusqu'à ce qu'ils soient tendres et dorés.

2. Ajoutez les carottes, les courgettes et le poivron, puis laissez cuire quelques minutes pour attendrir les légumes.

3. Incorporez les tomates, le concentré de tomate, les herbes, le sucre, le sel et le poivre.

4. Laissez mijoter à feu doux pendant 20 à 30 minutes, jusqu'à obtenir une sauce épaisse et savoureuse.

5. **Montage des lasagnes :** utilisez cette sauce à la place de la sauce bolognaise pour monter vos lasagnes comme dans la recette classique.

Pâtes à la carbonara

pour Vanessa

POUR 5 PERSONNES

Une histoire d'amour… et de pâtes al dente *!*

David : « La première fois que j'ai cuisiné pour Vanessa, je voulais lui faire plaisir avec un plat simple, chaleureux, généreux… des pâtes à la carbonara. Sauf qu'en plein milieu de la recette, elle me glisse : "Au fait… je suis végétarienne" !

Bon, forcément, j'ai adapté. Les lardons pour donner du goût à la sauce, mais sans les laisser dans l'assiette.

Résultat : elle goûte… et elle se met à pleurer. Des larmes d'émotion. Parce que ce plat lui rappelait son grand-père, son enfance, ses souvenirs en Italie.

Depuis, cette carbonara un peu spéciale est devenue notre recette à nous. »

Vanessa : « Oui… j'ai pleuré, c'est vrai. Ce goût, cette simplicité, ça m'a ramenée tout droit dans la cuisine de mon grand-père.

Et puis, petite précision importante : les pâtes étaient al dente*. Comme quoi, les Français savent faire ! »*

Ingrédients

500 g de spaghettis (ou fettuccine)

2 à 3 c. à s. de beurre

2 à 3 gousses d'ail (facultatif)

180 g de lardons fumés

4 jaunes d'œufs

1 œuf entier

120 ml de crème fraîche

120 g de parmesan râpé

Sel, poivre noir fraîchement moulu

Préparation

1 Faites cuire les pâtes *al dente* dans une grande casserole d'eau bouillante salée.

2 Dans une grande poêle, faites fondre le beurre. Faites revenir l'ail émincé (facultatif) quelques secondes pour parfumer. Ajoutez les lardons et laissez-les bien dorer pour qu'ils libèrent toutes leurs saveurs.

3 Une fois les lardons bien croustillants, retirez-les de la poêle et réservez-les dans un petit bol. Ils seront à disposition sur la table pour ceux qui souhaitent en ajouter. ↓

” Oui, on sait que la carbonara traditionnelle se prépare sans crème… mais chez nous, on l'aime avec. Parce que la cuisine, c'est aussi ça : s'approprier une recette de base, la modifier à son goût et se faire plaisir avant tout.

> On adore servir ces pâtes avec un bol de sucrine bien croquante et un filet de vinaigre balsamique. Et surtout, on les pose directement au centre de la table : chacun se sert, chacun se régale.

Suite de la préparation

4 Dans un saladier, fouettez les jaunes d'œufs, l'œuf entier, la crème fraîche et le parmesan. Salez légèrement et poivrez généreusement.

5 Égouttez les pâtes en conservant un peu d'eau de cuisson.

6 Versez le mélange œufs-crème dans la poêle chaude (hors du feu) et mélangez rapidement.

7 Ajoutez les pâtes bien chaudes dans la poêle. Remettez sur feu très doux et mélangez bien pour que les pâtes s'imprègnent de toute la sauce. Ajoutez un peu d'eau de cuisson si besoin pour avoir une belle texture crémeuse.

8 Servez directement dans un grand plat au centre de la table. Parsemez de parmesan, ajoutez un bon tour de poivre… et laissez chacun se servir à sa façon, avec ou sans lardons.

Parce que les plus belles histoires d'amour commencent parfois... avec une simple assiette de pâtes.

Chou et saucisses

au vinaigre

POUR 4 PERSONNES

Ingrédients

1 petit chou vert

2 c. à s. d'huile ou de beurre

1 gros oignon, émincé

4 saucisses fumées (type de Morteau ou de Montbéliard)

100 ml de vinaigre de vin rouge

Sel, poivre

Préparation

1. Coupez le chou en fines lamelles et retirez le cœur dur.
2. Dans une grande poêle ou une cocotte, chauffez l'huile à feu moyen. Ajoutez l'oignon et faites-le revenir jusqu'à ce qu'il soit tendre.
3. Ajoutez les saucisses entières et faites-les dorer légèrement avec l'oignon pendant environ 5 minutes.
4. Ajoutez le chou dans la poêle, mélangez bien, puis versez le vinaigre directement dessus. Assaisonnez avec du sel et du poivre.
5. Couvrez et laissez mijoter à feu moyen pendant 20 à 25 minutes, en remuant de temps en temps, jusqu'à ce que le chou soit bien tendre et ait absorbé le vinaigre.
6. Servez chaud, avec les saucisses tranchées en rondelles pour plus de simplicité. Ce plat est parfait tel quel, mais peut être accompagné de pommes de terre vapeur pour ceux qui souhaitent un repas plus copieux.

Vitel tonné

POUR 6 PERSONNES

Originaire du Piémont, le vitel toné *– ou* vitello tonnato *– est un plat emblématique de la cuisine italienne du Nord. Il s'agit de fines tranches de veau servies froides, nappées d'une sauce onctueuse au thon, aux câpres et aux anchois.*

Un plat simple en apparence, mais raffiné et plein de caractère, à préparer avec soin, à l'avance, et à servir bien frais.

Ingrédients

Pour le veau

1 kg de rôti de veau (dans la noix ou le quasi)

1 carotte, coupée en morceaux

1 branche de céleri, coupée en morceaux

1 oignon, coupé en deux

1 feuille de laurier

5 grains de poivre

Sel

Pour la sauce au thon

200 g de thon en conserve (au naturel, égoutté)

4 c. à s. de mayonnaise

1 c. à s. de câpres

2 filets d'anchois (facultatif, pour un goût plus prononcé)

Le jus de ½ citron

3 à 4 c. à s. de bouillon de cuisson du veau

Poivre

Préparation

1 **Cuire le veau :** dans une grande casserole, placez le rôti de veau avec la carotte, le céleri, l'oignon, le laurier, les grains de poivre et une pincée de sel. Couvrez d'eau froide, portez à ébullition, puis baissez le feu et laissez mijoter pendant environ 1 heure, jusqu'à ce que le veau soit bien tendre. Égouttez le veau et laissez-le refroidir complètement. Conservez un peu de bouillon de cuisson pour la sauce.

2 **Préparer la sauce :** dans un mixeur, mélangez le thon, la mayonnaise, les câpres, les filets d'anchois (si vous en utilisez), le jus de citron et 3 à 4 cuillérées à soupe de bouillon de cuisson du veau. Mixez jusqu'à obtenir une sauce lisse et crémeuse. Si la sauce est trop épaisse, ajoutez un peu plus de bouillon pour l'alléger. Assaisonnez avec du poivre.

3 **Assembler le plat :** une fois le veau refroidi, tranchez-le finement. Disposez les tranches de veau sur un plat de service et nappez-les de sauce au thon.

4 **Laisser reposer et servir :** pour un meilleur goût, couvrez et laissez reposer au réfrigérateur pendant au moins 1 heure avant de servir. Décorez de quelques câpres et de tranches de citron avant de déguster.

»

Dans la famille italienne de Vanessa, c'est un classique des moments de fête : Noël, anniversaires, grandes tablées en été… Il y a toujours un vitel toné sur la table quand il y a quelque chose à célébrer.

Tortilla d'Hélène

POUR 4 PERSONNES

Ingrédients

6 pommes de terre moyennes (à chair ferme)

1 oignon (facultatif, mais recommandé pour la saveur)

150 ml d'huile d'olive extra-vierge

20 à 30 g de beurre

6 œufs

Sel

» À déguster tiède ou froide avec, en accompagnement, une simple salade verte : roquette, mâche ou mesclun avec une vinaigrette légère à base de vinaigre de Xérès ou balsamique.

Cette recette vient d'un moment spécial. En pleine pandémie, lors d'une émission avec Hélène Mannarino, David a préparé une tortilla, et nous nous sommes promis qu'après le Covid, nous la dégusterions tous ensemble. Voici donc la « tortilla d'Hélène ».

Préparation

1. Épluchez les pommes de terre et coupez-les en fines rondelles ou en petits cubes.

2. Émincez finement l'oignon.

3. Dans une grande poêle, faites chauffer l'huile d'olive à feu moyen doux. Ajoutez le beurre pour qu'il fonde doucement dans l'huile, apportant une richesse supplémentaire à la cuisson.

4. Ajoutez les pommes de terre et l'oignon et laissez cuire pendant 20 à 25 minutes, en remuant de temps en temps, jusqu'à ce qu'ils soient tendres et légèrement dorés. Égouttez et réservez un peu d'huile de cuisson.

5. Dans un grand bol, battez les œufs avec une pincée de sel et laissez reposer 10 minutes.

6. Ajoutez les pommes de terre et l'oignon aux œufs battus, mélangez bien et laissez reposer 5 minutes pour que les œufs absorbent les saveurs.

7. Dans la même poêle (celle qui contient l'huile réservée), versez le mélange et faites cuire à feu moyen sans remuer. Lorsque le dessous est bien doré, retournez la tortilla à l'aide d'une assiette et faites cuire l'autre côté 2 à 3 minutes.

Escalopes de veau à la milanaise

POUR 5 PERSONNES

Ingrédients

5 escalopes de veau (environ 150 g chacune)

120 g de chapelure fine

60 g de parmesan râpé + du parmesan supplémentaire lors de la dégustation

50 g de farine

2 œufs

5 c. à s. d'huile d'olive

Sel, poivre

Citrons coupés en quartiers pour le service

À chaque fois, c'est un succès assuré ! Habituellement servies avec des pâtes pour un repas complet et réconfortant, ces escalopes se marient tout aussi bien avec une purée de pommes de terre pour varier les plaisirs. Simple et délicieux, ce plat est une invitation à partager un bon moment en famille autour d'une recette qui traverse les générations.

Préparation

1. **Préparer les escalopes :** placez chaque escalope entre deux feuilles de papier sulfurisé et tapez doucement avec un maillet ou le dos d'une casserole pour les aplatir et les rendre bien tendres.
2. Assaisonnez légèrement de sel et de poivre.
3. **Préparer la panure :** dans une assiette creuse, mélangez la chapelure avec le parmesan râpé.
4. Dans une seconde assiette, placez la farine.
5. Dans une troisième assiette, battez les œufs.
6. **Paner les escalopes :** passez chaque escalope dans la farine, en secouant pour enlever l'excès.
7. Ensuite, trempez-les dans les œufs battus. →

8 Enfin, enrobez-les du mélange chapelure parmesan, en appuyant bien pour que la panure adhère parfaitement.

9 **Cuisson :** faites chauffer l'huile d'olive dans une grande poêle à feu moyen.

10 Faites cuire les escalopes environ 3 à 4 minutes de chaque côté, jusqu'à ce qu'elles soient dorées et croustillantes.

11 **Éliminer l'excès de gras :** une fois cuites, déposez les escalopes sur une assiette recouverte de papier absorbant.

12 **Servir avec garniture :** disposez les escalopes sur un plat de service, et proposez du parmesan à saupoudrer, ainsi que des quartiers de citron pour une touche de fraîcheur.

Ci-après, découvrez les alternatives de Vanessa, avec du poisson ou des œufs. »

Poisson à la milanaise

POUR 4 PERSONNES

Ingrédients

4 filets de poisson blanc (cabillaud, merlu, ou autre poisson ferme)

50 g de farine

2 œufs

120 g de chapelure fine

60 g de parmesan râpé

4 c. à s. de beurre

4 c. à s. d'huile d'olive

Sel, poivre

Citrons pour le service

Cette version est parfaite pour ceux qui aiment le poisson. Choisissez un poisson blanc ferme comme le cabillaud ou le merlu pour obtenir un résultat moelleux à l'intérieur et croustillant à l'extérieur.

Préparation

1. Assaisonnez les filets de poisson avec du sel et du poivre. Passez-les dans la farine, puis dans les œufs battus, et enfin dans le mélange chapelure parmesan.

2. Faites chauffer le beurre et l'huile d'olive dans une poêle et faites cuire les filets 3 à 4 minutes de chaque côté, jusqu'à ce qu'ils soient dorés et croustillants.

3. Servez avec du citron et une salade de roquette pour accompagner.

Œufs panés à la milanaise

POUR 2 PERSONNES

Les œufs panés sont une alternative créative et délicieuse à la viande ou au poisson, idéale pour les végétariens. Avec leur cœur crémeux et leur enrobage croustillant, ils s'accompagnent parfaitement d'une salade ou de légumes rôtis.

Ingrédients

4 œufs (cuits mollets, soit 6 minutes de cuisson)

50 g de farine

1 œuf cru (pour la panure)

120 g de chapelure fine

50 g de parmesan râpé

2 c. à s. de beurre

2 c. à s. d'huile d'olive

Sel, poivre

Préparation

1. Écalez les œufs mollets délicatement. Assaisonnez légèrement avec du sel et du poivre.
2. Passez chaque œuf dans la farine, dans l'œuf cru battu, puis dans le mélange chapelure parmesan.
3. Faites chauffer le beurre et l'huile dans une poêle et faites frire les œufs 1 à 2 minutes en les retournant délicatement pour dorer toutes les faces.
4. Servez immédiatement avec une salade de roquette et quelques légumes grillés.

»

Profitons-en pour rappeler les temps de cuisson des œufs, toujours utiles à connaître ! Les œufs sont si pratiques en cuisine, que ce soit en omelette, en œufs au plat, ou dans des préparations créatives où l'on laisse libre cours à notre imagination. Rien de meilleur que des œufs à la coque avec des mouillettes de pain grillé et une touche de jambon – un goût d'enfance qui plaît à tous.

Œuf à la coque : 3 minutes dans l'eau bouillante.

Œuf mollet : 6 minutes dans l'eau bouillante.

Œuf dur : 9 à 10 minutes dans l'eau bouillante.

Œuf poché : 3 à 4 minutes dans de l'eau frémissante avec un peu de vinaigre.

↑ Escalopes de veau à la milanaise

↑ Œufs panés à la milanaise

Alphabet crémeux

POUR 5 PERSONNES

Ingrédients

800 ml à 1 l de bouillon de volaille ou de légumes (selon l'absorption des pâtes)

500 g de pâtes alphabet (ou petites pâtes type coquillettes, langues d'oiseau, cheveux d'ange)

200 ml de crème fraîche épaisse ou liquide

Beurre

6 tranches de jambon blanc, mixées finement

Sel, poivre

Parmesan ou gruyère râpé, selon les goûts (facultatif)

Le plat réconfortant par excellence, prêt en un rien de temps. Chez nous, c'est le dîner des soirs pressés, celui qui plaît à tout le monde – les petits comme les grands.

Préparation

1 **Cuire les pâtes :** dans une grande casserole, faites chauffer le bouillon.

2 Ajoutez les pâtes et laissez-les cuire à feu moyen, en remuant régulièrement, jusqu'à ce qu'elles soient tendres (selon le temps indiqué sur le paquet). Le bouillon doit être en grande partie absorbé.

3 **Ajouter la crème :** baissez le feu, puis incorporez la crème fraîche et le beurre.

4 Mélangez doucement pour bien enrober les pâtes. Goûtez et ajustez l'assaisonnement avec un peu de sel et de poivre.

5 **Finaliser le plat :** ajoutez le jambon mixé en surface ou directement dans les pâtes, selon la présentation souhaitée.

6 Pour encore plus de gourmandise, saupoudrez de parmesan ou de gruyère râpé juste avant de servir.

Gaufres aux courgettes

avec chantilly salée

POUR 4 À 6 GAUFRES

Voici une manière ludique et gourmande de faire manger des courgettes aux enfants : ces gaufres croustillantes accompagnées d'une chantilly salée forment un repas complet, parfait pour un déjeuner ou un dîner convivial du week-end. Notre petite astuce : découpez les gaufres en petits morceaux pour un apéritif original et savoureux !

Ingrédients

Gaufres

150 g de farine

1 sachet de levure chimique

50 g de parmesan râpé

1 pincée de muscade (facultatif)

2 œufs

10 cl de lait

2 c. à s. d'huile d'olive

2 courgettes moyennes râpées

100 g de riz cuit (type riz blanc ou basmati)

Sel, poivre

Chantilly salée

20 cl de crème liquide entière (bien froide)

1 c. à s. de fromage frais type mascarpone (facultatif, pour plus de fermeté)

1 c. à c. de sel fin

1 pincée de poivre blanc

Quelques brins de ciboulette finement ciselés (facultatif)

Préparation

1 **Gaufres :** dans un grand saladier, mélangez les ingrédients secs : tamisez la farine avec la levure. Ajoutez le parmesan, le sel, le poivre, et la muscade, puis mélangez. Faites un puits au centre et cassez les œufs. Versez le lait et l'huile d'olive. Mélangez progressivement avec une spatule ou un fouet jusqu'à obtenir une pâte homogène.

2 Ajoutez les courgettes râpées et le riz cuit à la pâte. Mélangez délicatement pour bien incorporer les ingrédients.

3 Faites chauffer un gaufrier et huilez légèrement les plaques. Versez une louche de pâte dans le gaufrier et faites cuire jusqu'à ce que les gaufres soient bien dorées et croustillantes. Réservez au chaud.

4 **Chantilly salée :** placez la crème liquide bien froide (et le mascarpone, si utilisé) dans un saladier refroidi au préalable. Ajoutez le sel et le poivre.

5 **Monter la chantilly** : fouettez à l'aide d'un batteur électrique ou d'un fouet à main jusqu'à ce que la chantilly forme des pics fermes.

6 Incorporez délicatement la ciboulette ciselée pour un goût frais et subtil.

7 Pour le service, transférez la chantilly dans une poche à douille pour une présentation élégante ou déposez-en simplement une quenelle sur chaque gaufre.

Mijoté de carottes

au seitan de Vanessa

POUR 4 PERSONNES

Ingrédients

2 échalotes émincées

2 gousses d'ail écrasées

8 carottes (6 pour la garniture, 2 pour la sauce)

Huile d'olive

1 c. à s. de concentré de tomate

1 pincée de sucre

300 g de seitan (en morceaux ou en tranches épaisses)

1 petit verre de vin blanc sec (facultatif)

300 ml de jus de carotte (centrifugeuse ou commerce)

2 c. à s. de sauce soja

2 c. à s. de fond de légumes ou 1 cube de bouillon

5 branches de thym

1 feuille de laurier

Sel, poivre

Eau

Une alternative végétale et savoureuse au traditionnel bœuf-carottes.

Préparation

1. **Préparer la base aromatique :** émincez les échalotes, écrasez une gousse d'ail, coupez 2 carottes en rondelles.

2. Dans une cocotte, faites revenir le tout avec un filet d'huile d'olive, le concentré de tomate et une pincée de sucre.

3. Ajoutez le seitan coupé en gros morceaux et faites-le bien dorer.

4. Déglacez avec le vin blanc (ou un peu d'eau), puis laissez évaporer.

5. **Préparer le mijoté :** ajoutez le jus de carotte, la sauce soja, le fond de légumes, le thym, le laurier, le sel et le poivre.

6. Complétez avec un peu d'eau si nécessaire pour bien couvrir.

7. Couvrez et laissez mijoter 30 à 40 minutes à feu doux.

8. **Préparer les carottes fondantes :** Pendant ce temps, épluchez les 6 carottes restantes, coupez-les en tronçons.

9 Ajoutez-les dans la cocotte et mélangez bien.

10 Prolongez la cuisson encore 20 minutes, jusqu'à ce que les carottes soient tendres.

11 **Finition de la sauce :** Retirez une partie des légumes fondus (échalotes, carottes) et un peu de liquide de cuisson.

12 Mixez pour obtenir une sauce bien onctueuse.

13 Remettez le tout dans la cocotte, mélangez délicatement.

Pourquoi le seitan ?

Dans cette recette, j'ai voulu revisiter le bœuf-carottes de nos grands-mères en version 100 % végétale, sans rien enlever à la générosité, au goût ni au réconfort.

Le secret ? Le seitan, une protéine végétale à base de blé, qui offre une texture proche de la viande mijotée tout en absorbant merveilleusement bien les saveurs de la sauce.

Il est riche en protéines, pauvre en gras, et parfait pour ceux qui souhaitent limiter ou arrêter la viande… sans se priver de plats mijotés bien gourmands.

C'est un plat que j'adore faire l'hiver, mais il passe aussi très bien à l'automne avec une purée de patates douces ou une semoule aux herbes.

↑ Gaufres aux courgettes avec chantilly salée

↑ Mijoté de carottes au seitan de Vanessa

Tartare de thon et huîtres

POUR 4 PERSONNES

Ingrédients

150 g de thon, pour la cuisson, coupés en dés

1 c. à s. d'huile d'olive

50 ml de porto (pour déglacer)

300 g de thon frais (cru, de qualité sashimi, coupé en petits dés et en lamelles)

8 huîtres fraîches, décortiquées et coupées en petits morceaux

1 échalote, finement émincée

1 c. à s. de jus de citron

Sel, poivre

Quelques brins de ciboulette ou estragon (pour la garniture)

Une entrée raffinée et savoureuse, avec des morceaux de avec thon en lamelles et jus de thon déglacé au porto, présenté dans des coquilles d'huîtres.

Préparation

1 **Cuire le thon :** faites chauffer une poêle avec un peu d'huile d'olive. Ajoutez les dés de thon et faites-les saisir à feu moyen pendant 2 à 3 minutes de chaque côté, pour qu'ils soient bien dorés à l'extérieur, mais encore légèrement rosés à l'intérieur. Retirez du feu et laissez reposer quelques minutes.

2 **Déglacer avec du porto :** dans la même poêle (sans la laver), ajoutez le porto pour la déglacer et récupérez les sucs de cuisson. Faites chauffer à feu moyen et laissez réduire le porto de moitié, pendant environ 2 à 3 minutes.

3 Ajoutez le jus des morceaux de thon dans la poêle et mélangez bien avec le porto. Laissez mijoter pendant encore 1 à 2 minutes. Retirez du feu et laissez refroidir.

4 **Préparer le tartare :** dans un bol, ajoutez les morceaux d'huîtres et de thon cru, excepté les lamelles.

→

5 Ajoutez l'échalote, le jus de citron, et l'huile d'olive. Assaisonnez avec du sel et du poivre, puis mélangez délicatement pour ne pas abîmer les morceaux de thon et d'huîtres.

6 **Incorporer le jus de thon au tartare :** une fois que le jus de thon déglacé au porto a refroidi, versez-en une petite quantité dans le tartare. Mélangez doucement pour bien répartir sa saveur sans trop imprégner les morceaux. Ajustez la quantité de jus selon la consistance désirée.

7 **Servir dans les coquilles d'huîtres :** dressez le tartare dans des coquilles d'huîtres (si vous les avez récupérées après avoir décortiqué les huîtres), ou dans de petites coupelles élégantes. Déposez quelques lamelles de thon à côté du tartare dans chaque coquille.

8 Garnissez avec des brins de ciboulette ou d'estragon pour ajouter une touche de fraîcheur.

Astuce

La présentation dans les coquilles d'huîtres ajoute une touche de raffinement et d'originalité à ce plat. Le thon en lamelles apporte une texture différente et une richesse supplémentaire. Vous pouvez aussi ajouter un peu de zeste de citron sur les lamelles de thon pour plus de fraîcheur.

← **Tartare de thon et huîtres** avec thon en lamelles et jus de thon déglacé au porto, présenté dans des coquilles d'huîtres

Sardines farcies

à la persillade et au parmesan

POUR 5 PERSONNES

Préparation

1 **Préparer les sardines :** nettoyez les sardines : ouvrez-les en deux en retirant l'arête centrale, tout en laissant la queue attachée. Rincez-les à l'eau froide et séchez-les bien avec du papier absorbant.

2 **Préparer la farce :** trempez le pain dans le lait pendant 5 minutes, puis égouttez-le et émiettez-le. Hachez finement l'ail et le persil. Mélangez dans un bol le pain émietté, l'ail, le persil, le parmesan et les œufs. Salez, poivrez et mélangez bien pour obtenir une farce homogène.

3 **Farcir et cuire les sardines :** déposez une cuillérée de farce sur une moitié de sardine ouverte. Refermez légèrement en appuyant sans totalement refermer le poisson.

4 **Méthode 1 : friture traditionnelle.** Chauffez de l'huile dans une poêle à feu moyen. Déposez les sardines côté peau en premier et faites-les frire 2 minutes de chaque côté. Égouttez sur du papier absorbant.

5 **Méthode 2 : cuisson au four (plus légère).** Préchauffez le four à 200 °C. Déposez les sardines dans un plat légèrement huilé. Arrosez d'un filet d'huile d'olive et enfournez pour 15 minutes, en les retournant à mi-cuisson pour les dorer uniformément.

6 **Service :** servez bien chaud avec une salade verte, un filet de citron ou une sauce tomate légère pour accompagner.

Ingrédients

10 sardines fraîches

80 g de pain rassis

10 cl de lait

2 gousses d'ail

1 bouquet de persil frais

60 g de parmesan râpé

3 œufs

Huile de friture
(de tournesol ou d'olive)

Sel, poivre

Pour plus de croustillant, saupoudrer légèrement de chapelure avant la cuisson. Ajoutez un peu de zeste de citron râpé dans la farce pour une touche fraîche.

Poisson au four à l'espagnole

avec frites

POUR 4 PERSONNES

Ingrédients

4 pommes de terre moyennes, coupées en bâtonnets (frites)

2 oignons, coupés en rondelles fines

1 poivron rouge, coupé en lanières

1 poivron vert, coupé en lanières

2 tomates, coupées en rondelles

1 dorade ou 4 filets de poisson blanc

1/2 c. à c. de safran

200 ml de fumet de poisson (ou bouillon de poisson)

4 c. à s. d'huile d'olive

1 c. à c. de thym

Sel et poivre, selon votre goût

Préparation

1 **Préparation des pommes de terre :** Préchauffez le four à 200 °C. Disposez les bâtonnets de pommes de terre dans un saladier, arrosez avec 2 cuillérées à soupe d'huile d'olive, du sel et un peu de thym. Mélangez bien pour enrober. Étalez-les sur une plaque de cuisson tapissée de papier sulfurisé et enfournez pendant 15 à 20 minutes pour les précuire. Ils doivent commencer à dorer.

2 **Préparation des légumes :** pendant ce temps, dans un grand plat allant au four, disposez les oignons, les poivrons et les rondelles de tomates. Assaisonnez avec le reste du thym, du sel et du poivre.

3 **Préparation du poisson :** déposez la dorade ou les filets de poisson blanc sur le lit de légumes. Ajoutez les frites précuites tout autour. Mélangez le safran avec le fumet de poisson et versez ce mélange uniformément sur le poisson et les légumes.

4 **Cuisson au four :** arrosez l'ensemble d'un filet d'huile d'olive.

5 Enfournez le plat pour 25 à 30 minutes, jusqu'à ce que le poisson soit cuit à cœur et que les bâtonnets de pommes de terre soient bien dorés et croustillants.

6 Servez chaud, en nappant le poisson et les légumes avec le jus de cuisson. Accompagnez éventuellement d'un filet de citron ou d'un peu de persil frais.

Turbot à la normande

avec crème et julienne de légumes

POUR 4 PERSONNES

Préparation

1 **Préparer la julienne de légumes :** faites chauffer le beurre dans une poêle ou dans une casserole à feu moyen. Ajoutez l'échalote, puis la julienne de poireau, de carotte et de céleri. Faites revenir doucement pendant 5 minutes jusqu'à ce que les légumes soient tendres, mais encore légèrement croquants. Salez, poivrez, et réservez.

2 **Cuire le turbot :** dans une grande casserole ou une poêle profonde, faites fondre 2 cuillérées à soupe de beurre. Saisissez légèrement les pavés de turbot (ou le turbot entier) sur chaque face, environ 1 minute de chaque côté. Retirez le poisson et réservez. Déglacez la casserole avec le vin blanc (facultatif), puis versez le fumet de poisson. Remettez le poisson dans la casserole, couvrez et laissez mijoter à feu doux pendant 8 à 10 minutes (selon l'épaisseur du poisson).

3 **Préparer la sauce normande :** retirez le poisson cuit délicatement et gardez-le au chaud. Dans la casserole, ajoutez la crème fraîche au fumet restant et portez à ébullition légère. Laissez réduire doucement pendant 5 minutes jusqu'à obtenir une sauce onctueuse. Rectifiez l'assaisonnement avec du sel et du poivre.

4 **Assemblage :** remettez la julienne de légumes dans la sauce pour la réchauffer légèrement. Disposez les pavés de turbot dans des assiettes ou un plat de service. Nappez généreusement avec la sauce à la crème et les légumes.

5 **Service :** servez immédiatement, accompagné de pommes vapeur, de riz, ou de purée de pommes de terre pour un repas complet.Ajoutez une touche de persil frais ou de ciboulette hachée avant de servir pour une note fraîche et colorée.

Ingrédients

Pour la julienne de légumes

2 c. à s. de beurre

1 échalote, finement hachée

1 poireau (blanc et vert tendre), coupé en julienne

2 carottes, coupées en julienne

1 branche de céleri, coupée en julienne

Sel, poivre

Pour le turbot

2 c. à s. de beurre

4 pavés de turbot ou 1 turbot entier

50 ml de vin blanc sec (facultatif)

300 ml de fumet de poisson

200 ml de crème fraîche épaisse

Sel, poivre

»

Un plat délicat et raffiné, parfait pour les amateurs de poisson et de cuisine normande, repas de fête.

Hachis parmentier

au saumon frais et fumé

POUR 4 À 6 PERSONNES

Ingrédients

1,5 kg de pommes de terre (pour la purée)

200 ml de crème fraîche (ou crème végétale)

300 g de saumon frais , coupé en morceaux

200 g de saumon fumé, émietté

2 gousses d'ail, écrasées

1 oignon, émincé

Quelques branches de thym et de persil frais

Sel et poivre

Chapelure

Gruyère râpé (facultatif, ou fromage végétalien râpé pour une version végétalienne)

Pour encore plus de fraîcheur, vous pouvez ajouter un peu de jus de citron ou de zeste de citron dans la farce de saumon.

Un hachis parmentier revisité avec du saumon frais et fumé, pour une version légère et pleine de saveurs marines. La purée est crémeuse et la croûte dorée ajoute une texture parfaite à ce plat réconfortant.

Préparation

1 **Préparer la purée :** faites cuire les pommes de terre dans de l'eau salée jusqu'à ce qu'elles soient bien tendres. Égouttez. Écrasez les pommes de terre à la fourchette ou avec un presse-purée pour une texture plus rustique. Ajoutez de l'eau de cuisson et de la crème fraîche pour obtenir une purée lisse et crémeuse. Assaisonnez avec du sel et du poivre. Réservez.

2 **Préparer la farce de saumon :** dans une poêle, faites chauffer un peu d'huile (ou de l'eau si vous souhaitez une version sans huile). Ajoutez l'oignon et l'ail. Faites revenir jusqu'à ce que l'oignon devienne translucide. Ajoutez le saumon frais et faites-le cuire jusqu'à ce qu'il soit tout juste saisi. Ajoutez ensuite le saumon fumé et les herbes fraîches. Assaisonnez avec du sel et du poivre.

3 **Monter le hachis :** préchauffez le four à 200 °C. Déposez une couche de farce de saumon au fond d'un plat à gratin. Ajoutez une couche de purée par-dessus, puis répétez l'opération avec une autre couche de farce de saumon, et une dernière couche de purée.

4 **Finaliser le gratin :** saupoudrez de chapelure et d'un peu de gruyère râpé (ou fromage végétalien râpé) pour créer une belle croûte dorée. Puis enfournez pour 20 à 25 minutes à 200 °C, jusqu'à ce que le dessus soit bien doré et gratiné.

Hachis de bœuf

POUR 4 À 6 PERSONNES

Ingrédients

1,5 kg de pommes de terre (pour la purée)

200 ml de crème fraîche

100 g de poitrine fumée, en petits morceaux

1 oignon, émincé

2 gousses d'ail, écrasées

Quelques branches de thym

200 g de chair à saucisse

500 g de viande hachée de bœuf

Chapelure

Gruyère râpé

Sel, poivre

Recette simple, savoureuse et légère pour un dîner réconfortant. Facile à réaliser pour toute la famille.

Préparation

1. **Préparer la purée** : faites cuire les pommes de terre dans de l'eau salée jusqu'à ce qu'elles soient bien tendres. Égouttez.

2. Écrasez-les à la fourchette pour une purée plus rustique.

3. Ajoutez un peu de l'eau de cuisson et de la crème fraîche pour obtenir une purée bien lisse et crémeuse. Réservez.

4. **Cuire les viandes** : dans une grande poêle, faites chauffer la poitrine fumée en petits morceaux (elle va rendre de la graisse et parfumer la viande).

5. Une fois la poitrine fumée dorée, ajoutez l'oignon et l'ail.

6. Ajoutez les branches de thym, et faites revenir jusqu'à ce que l'oignon devienne translucide.

7. Ajoutez la chair à saucisse et faites-la cuire en mélangeant pour bien séparer la chair.

8. Ajoutez la viande hachée et faites-la cuire jusqu'à ce qu'elle soit bien dorée. Ne salez pas, car la poitrine fumée et la chair à saucisse relève déjà le goût.

→

9 **Montage du hachis :** préchauffez le four à 200 °C.

10 Déposez une couche de viande (environ la moitié du mélange viande-saucisse) au fond d'un plat à gratin.

11 Ajoutez une couche de purée par-dessus, puis répétez l'opération avec une autre couche de viande, et une dernière couche de purée.

12 **Finaliser le gratin :** saupoudrez de chapelure et d'un peu de gruyère râpé pour former une belle croûte dorée.

13 **Cuisson au four :** enfournez pour 20 à 25 minutes à 200 °C, jusqu'à ce que le dessus soit bien doré et gratiné.

Astuce

Le gras de la poitrine fumée suffit pour cuire les viandes sans ajouter d'autres matières grasses. Si vous voulez une version encore plus légère, vous pouvez remplacer la crème fraîche par un peu de lait écrémé dans la purée.

Butternut crémeuse

au curcuma et aux éclats de noix

POUR 4 À 6 PERSONNES

Préparation

1. Dans une poêle, faites chauffer l'huile d'olive à feu moyen. Ajoutez l'oignon et faites-le revenir jusqu'à ce qu'il devienne translucide.

2. Mettez les cubes de butternut dans la poêle avec l'oignon. Mélangez bien.

3. Ajoutez le curcuma, le sel, et les herbes de Provence. Mélangez pour enrober les morceaux de butternut des épices.

4. Ajoutez la crème et mélangez. Ajoutez le jus du demi-citron. Laissez mijoter à feu doux pendant 5 minutes, en remuant de temps en temps, jusqu'à ce que la crème soit légèrement réduite et que le tout soit bien crémeux.

5. Dans un mixeur ou à l'aide d'un couteau, hachez grossièrement les noix de cajou, les amandes et la noix de coco râpée.

6. Disposez le mélange de butternut crémeux dans des assiettes et saupoudrez de la garniture de noix hachées sur le dessus.

Ingrédients

1 c. à s. d'huile d'olive

1 gros oignon, émincé

1 butternut (environ 800 g), coupée en cubes et précuite dans de l'eau bouillante salée pendant 10 minutes

1 c. à c. de curcuma

1 c. à c. d'herbes de Provence

200 ml de crème liquide (végétale ou classique, selon vos préférences)

Jus de ½ citron

Sel

Pour la garniture de noix

30 g de noix de cajou

30 g d'amandes

30 g de noix de coco râpée

Butternut au four

POUR 2 PERSONNES

Une recette facile, chaleureuse et pleine de bonnes choses. Parfaite pour un soir d'automne ou d'hiver, avec des ingrédients qu'on a souvent sous la main.

Ingrédients

1 courge butternut (taille moyenne)

Huile d'olive

1 oignon, émincé

1 carotte , râpée

1 boîte de pois chiches (égouttés)

1 c. à s. de miel ou de sirop d'érable

1 c. à s. de beurre de cacahuète ou tahini (facultatif mais très bon)

1 poignée de cacahuètes non salées, concassées

Sel, poivre

Préparation

1. Préchauffez le four à 180 °C.
2. Coupez la butternut en deux dans la longueur. Enlevez les graines avec une cuillère.
3. Posez les deux moitiés dans un plat, côté chair vers le haut. Arrosez d'un filet d'huile d'olive. Assaisonnez avec du sel et du poivre.
4. Faites cuire au four 35 à 40 minutes, jusqu'à ce que la chair soit tendre.
5. Pendant ce temps, faites revenir dans une poêle l'oignon et la carotte avec un peu d'huile d'olive.
6. Ajoutez les pois chiches, le miel et, si vous le souhaitez, le beurre de cacahuète ou tahini. Mélangez bien.
7. Quand la courge est cuite, creusez un peu la chair (gardez-la pour une soupe ou mélangez-la à la farce).
8. Garnissez les moitiés de courge avec la farce. Remettez au four 5 à 10 minutes.
9. Ajoutez les cacahuètes juste avant de servir. C'est prêt !

Option gourmande (astuce de David)

Pour ceux qui ne sont pas végan, vous pouvez faire revenir une petite poignée de lardons à la poêle et les ajouter à la farce avant de garnir la courge. Cela apporte un goût fumé très gourmand qui se marie super bien avec le miel et les pois chiches.

Polenta crémeuse

à la sauce tomate et aux champignons

POUR 5 PERSONNES

Cette polenta crémeuse est une recette transmise par Fernande, l'arrière-grand-mère de Vanessa. L'odeur de la sauce tomate la replonge en enfance. Sa grand-mère lui prépare encore cette recette aujourd'hui, et la lui dépose chez elle... un vrai geste d'amour.

Ingrédients

Pour la sauce tomate aux champignons

1 gros oignon, émincé

1 c. à s. d'huile d'olive

2 gousses d'ail, hachées

400 g de champignons de Paris ou de cèpes, émincés

500 g de tomates, concassées (ou 4 tomates fraîches pelées et hachées)

2 c. à s. de concentré de tomate

1 c. à c. de sucre (pour réduire l'acidité des tomates)

1 branche de thym

1 feuille de laurier

Sel, poivre

Persil ou basilic frais, haché, pour la finition

Pour la polenta

1 l d'eau

500 ml de lait entier

1 c. à c. de sel

250 g de polenta fine

60 g de beurre

80 g de parmesan râpé

Poivre noir

Préparation

1 **Préparer la sauce tomate aux champignons :** faites revenir l'oignon dans l'huile d'olive à feu moyen jusqu'à ce qu'il soit translucide.

2 Ajoutez l'ail et les champignons, puis faites-les revenir 5 minutes jusqu'à ce qu'ils rendent leur eau.

3 Ajoutez les tomates, le concentré de tomate, le sucre, le thym et le laurier. Salez, poivrez et laisser mijoter 15 à 20 minutes à feu doux.

4 En fin de cuisson, retirez le thym et le laurier, puis parsemez de persil ou de basilic.

5 **Préparer la polenta :** portez l'eau et le lait à ébullition dans une grande casserole. Ajoutez le sel, puis versez la polenta en pluie en remuant constamment avec une cuillère en bois.

6 Laissez cuire à feu doux pendant 10 à 15 minutes en mélangeant régulièrement jusqu'à obtenir une texture crémeuse.

7 Hors du feu, ajoutez le beurre et le parmesan. Mélangez bien et rectifiez l'assaisonnement avec du poivre.

8 **Servir :** servez la polenta bien chaude dans des assiettes creuses. Nappez généreusement de sauce tomate aux champignons.

9 Ajoutez un peu de parmesan râpé et quelques feuilles de basilic frais si souhaité.

↓

Version polenta à frire

Préparation

1. **Préparer la polenta :** portez l'eau et le lait à ébullition dans une grande casserole.
2. Ajoutez le sel, puis versez la polenta en pluie en remuant constamment avec une cuillère en bois.
3. Laissez cuire à feu doux pendant 10 à 15 minutes, en mélangeant régulièrement jusqu'à obtenir une texture crémeuse.
4. Hors du feu, ajoutez le beurre et le parmesan. Mélangez bien et rectifiez l'assaisonnement avec du poivre.
5. Versez la polenta dans un plat rectangulaire tapissé de papier cuisson. Lissez la surface et laissez refroidir complètement (au moins 2 heures au réfrigérateur).
6. **Faire frire la polenta :** démoulez la polenta refroidie et coupez-la en bâtonnets ou en carrés.
7. Faites chauffer de l'huile dans une poêle à feu moyen.
8. Faites frire les morceaux de polenta 2 à 3 minutes de chaque côté, jusqu'à ce qu'ils soient bien dorés et croustillants. Égouttez sur du papier absorbant.

Oignons farcis

à la purée de courgettes et de pommes de terre avec ou sans jambon

POUR 5 PERSONNES

Préparation

1 **Préparer les oignons** : épluchez les oignons, coupez les extrémités et fendez-les dans la largeur. Retirez délicatement l'intérieur en gardant uniquement les couches externes pour former des coupelles. Réservez l'intérieur des oignons pour la cuisson.

2 **Préparer la farce** : faites bouillir les pommes de terre et les courgettes en morceaux dans une grande casserole d'eau salée pendant environ 20 minutes, jusqu'à ce qu'elles soient bien tendres. Égouttez, puis écrasez avec un presse-purée ou une fourchette. Laissez tiédir avant d'ajouter les œufs, le parmesan et le jambon haché (facultatif). Mélangez bien. Salez, poivrez.

3 **Assembler les oignons farcis** : préchauffez le four à 180 °C. Déposez les coupelles d'oignons dans un plat légèrement huilé. Remplissez chaque oignon avec la farce. Saupoudrez légèrement de chapelure si vous le souhaitez, et arrosez d'un filet d'huile d'olive. Disposez l'intérieur des oignons réservé autour des coupelles pour plus de saveur.

4 **Cuisson** : enfournez à 180 °C pendant 25 à 30 minutes, jusqu'à ce que les oignons soient tendres et légèrement dorés sur le dessus.

5 **Service** : dégustez chaud, accompagné d'une salade verte ou d'une sauce tomate légère pour plus de gourmandise.

Ingrédients

5 oignons blancs ou rouges, de taille moyenne

5 pommes de terre moyennes

3 petites courgettes

4 œufs

80 g de parmesan râpé

100 g de jambon haché (facultatif)

2 c. à s. d'huile d'olive

2 c. à s. de chapelure (facultatif)

Sel, poivre

Aubergines au parmesan

POUR 5 PERSONNES

Ingrédients

3 aubergines moyennes

50 g de farine

Huile d'olive pour la friture

400 g de tomates concassées

1 bouquet de basilic frais

2 boules de mozzarella (environ 250 g)

80 g de parmesan râpé

Sel, poivre

> Pour une version plus légère, vous pouvez griller les aubergines au four au lieu de les frire. Évitez de mettre trop de sauce tomate : l'idée est d'avoir une aubergine fondante, sans qu'elle baigne dans la sauce.

Préparation

1 **Préparer les aubergines** : coupez les aubergines en tranches d'environ 1 cm d'épaisseur. Passez-les légèrement dans la farine en retirant l'excédent. Faites chauffer un peu d'huile d'olive dans une poêle et faites frire les tranches des deux côtés jusqu'à ce qu'elles soient dorées. Égouttez sur du papier absorbant pour enlever l'excès d'huile.

2 **Préparer la sauce tomate** : faites chauffer les tomates concassées dans une casserole avec un filet d'huile d'olive et quelques feuilles de basilic. Laissez mijoter 10 minutes pour concentrer les saveurs. Assaisonnez avec du sel et du poivre.

3 **Monter le plat** : préchauffez le four à 200 °C. Dans un plat pas trop grand, étalez une fine couche de sauce tomate (sans noyer les aubergines). Ajoutez une première couche d'aubergines, puis des tranches de mozzarella et un peu de parmesan. Répétez l'opération 3 fois en terminant par une couche légère de tomate et une dernière couche de parmesan.

4 **Cuisson** : enfournez à 200 °C pendant 30 minutes, jusqu'à ce que le fromage soit fondu et légèrement gratiné.

5 **Service** : laissez reposer quelques minutes avant de servir pour que les saveurs se mélangent bien. Accompagnez d'une salade verte ou simplement d'un bon pain croustillant.

Cannellonis ricotta-épinards

ou cannellonis à la viande

POUR 5 PERSONNES

Version végétarienne : Cannellonis ricotta-épinards

1 Faites cuire les épinards dans une poêle avec un filet d'huile d'olive. Égouttez et hachez.

2 Mélangez la ricotta, les épinards, les œufs, le parmesan et la chapelure. Salez et poivrez.

3 Garnissez les cannellonis avec la farce.

Version viande : Cannellonis à la viande

1 Faites revenir la viande hachée dans une poêle avec un filet d'huile d'olive. Salez et poivrez.

2 Hors du feu, ajoutez les œufs, le parmesan et la chapelure. Mélangez bien.

3 Garnissez les cannellonis avec la farce.

Montage du plat (peu importe la version)

1 Préchauffez le four à 180 °C. Étalez une fine couche de sauce tomate dans le fond du plat. Disposez les cannellonis farcis en une seule couche. Recouvrez légèrement de sauce tomate et saupoudrez de parmesan. Enfournez à 180 °C pendant 30 minutes, jusqu'à ce que le fromage soit doré et les pâtes bien cuites.

2 Faites fondre le beurre, ajoutez la farine et remuez 1 minute. Ajoutez le lait progressivement en fouettant jusqu'à épaississement. Assaisonnez avec sel, poivre et muscade. versez sur le plat. Enfournez à 180 °C pendant 30 minutes, jusqu'à ce que le fromage soit doré et les pâtes bien cuites.

Ingrédients

Pour les cannellonis

400 g de sauce tomate

12 tubes de cannellonis (secs ou frais)

50 g de parmesan râpé

Sel, poivre

Ingrédients pour la farce : Cannellonis ricotta-épinards

300 g d'épinards frais ou surgelés

400 g de ricotta

2 œufs

50 g de parmesan râpé

2 c. à s. de chapelure

2 c. à s. d'huile d'olive

Sel, poivre

Ingrédients pour la farce : Cannellonis à la viande

300 g de viande hachée (bœuf ou veau)

2 œufs

50 g de parmesan râpé

2 c. à soupe de chapelure

Sel, poivre

Béchamel

40 g de beurre

40 g de farine

500 ml de lait

Sel, poivre

Noix de muscade

Gratin pommes de terre-carottes

à la béchamel et au gruyère

POUR 4 À 6 PERSONNES

Ingrédients

600 g de pommes de terre

400 g de carottes

50 g de beurre

50 g de farine

500 ml de lait

100 g de gruyère râpé

Sel, poivre

Muscade (facultatif)

Version plus légère

Pour une version plus digeste et légère, voici quelques ajustements possibles tout en gardant le plaisir du gratin :

Remplacez le beurre par de la margarine végétale ou 1 c. à s. d'huile d'olive ;

Utilisez de la farine semi-complète ou sans gluten, si besoin ;

Remplacez le lait entier par du lait végétal non sucré (avoine ou soja cuisine) ;

Utilisez un fromage allégé ou du parmesan râpé en petite quantité ;

Ajoutez un peu de courgette râpée ou de poireau.

Préparation

1. **Préparer les pommes de terre et les carottes** : épluchez les pommes de terre et les carottes, puis coupez-les en fines rondelles.
2. Faites-les cuire 10 à 15 minutes dans de l'eau bouillante salée, jusqu'à ce qu'elles soient fondantes mais qu'elles se tiennent bien.
3. **Préparer une béchamel** : dans une casserole, faites fondre le beurre. Ajoutez la farine et mélangez pour former un roux.
4. Versez le lait progressivement en fouettant pour éviter les grumeaux. Laissez épaissir à feu doux.
5. Assaisonnez avec sel, poivre et une pincée de muscade.
6. **Monter le gratin** : dans un plat à gratin, disposez une couche de légumes, une nappe de béchamel, puis saupoudrez de gruyère. Recommencez jusqu'à épuisement des ingrédients.
7. Terminez par une bonne couche de gruyère râpé.
8. Enfournez à 180 °C pendant 25 à 30 minutes, jusqu'à ce que le dessus soit bien doré.

Tian tricolore de Vanessa

(avec ou sans fromage)

POUR 4 À 6 PERSONNES

Un plat coloré, sain et familial... Ce tian, c'est mon joker pour faire manger des légumes aux enfants sans qu'ils râlent. On joue sur les couleurs, les textures, et cette fois, j'y ajoute un petit twist qui fait la différence : du croquant avec un mélange de fruits secs. Et pour les gourmands, de la mozzarella fondante sur une moitié du plat. Comme ça, tout le monde est content !

Ingrédients

Légumes

2 courgettes

2 patates douces

4 tomates

2 gousses d'ail

2 oignons (facultatif)

Huile d'olive

Sel, poivre

Herbes de Provence ou thym frais

Pour la version gourmande

1 boule de mozzarella (125 g)

Pour le croquant

2 c. à s. de cacahuètes non salées

2 c. à s. d'amandes

1 c. à s. de graines de tournesol ou de sésame (facultatif)

Préparation

1 Préchauffez le four à 180 °C.

2 Lavez les légumes et tranchez-les finement à la mandoline ou au couteau fin. Émincez l'ail et l'oignon.

3 Huilez un plat à gratin et frottez le fond avec une gousse d'ail coupée en deux. Alternez les rondelles de légumes en les serrant debout dans le plat : courgette, patate douce, tomate... Répartissez ail et oignon émincés entre les légumes. Salez, poivrez, parsemez d'herbes. Arrosez d'un bon filet d'huile d'olive. Sur une moitié du plat seulement, glissez des morceaux de mozzarella entre les rondelles ou posez-les simplement sur le dessus. Couvrez le plat de papier cuisson ou d'un couvercle, puis enfournez 35 minutes.

4 Pendant ce temps, mixez grossièrement cacahuètes, amandes et graines (juste pour les concasser, pas pour les réduire en poudre).

5 Au bout des 35 minutes, retirez le couvercle, répartissez le mélange croquant sur tout le plat, puis poursuivez la cuisson 15 minutes à découvert, pour gratiner et dorer l'ensemble.

Astuce

Ce plat est parfait pour un dîner végétarien seul, ou accompagné d'un œuf mollet, de riz, ou d'un reste de poulet rôti.

Légumes rôtis au four

POUR 4 PERSONNES

À la maison, quand tout le monde réclame des frites mais que j'ai envie de mettre un peu plus de légumes au menu, je dégaine ce plat ! Des légumes rôtis au four, croustillants à l'extérieur, fondants à l'intérieur, et pleins de couleurs.

Ingrédients

2 patates douces

3 carottes

2 courgettes

2 gousses d'ail

3 c. à s. d'huile d'olive

1 c. à c. d'herbes de Provence ou de thym

Sel, poivre

Épices (facultatif)

Astuce

Servez avec une sauce au yaourt ou une cuillérée de fromage blanc citronné pour les enfants.

Préparation

1. Préchauffez le four à 200 °C.
2. Épluchez les patates douces et les carottes, puis coupez-les en bâtonnets ou en rondelles épaisses.
3. Lavez les courgettes et coupez-les en demi-rondelles.
4. Mettez tous les légumes dans un saladier, puis ajoutez l'ail émincé, l'huile d'olive, les herbes, le sel, le poivre (et des épices si vous en voulez).
5. Mélangez pour que tous les légumes soient bien enrobés.
6. Étalez les légumes sur une plaque recouverte de papier cuisson, sans les superposer.
7. Enfournez pour 35 à 40 minutes, en mélangeant à mi-cuisson. Les légumes doivent être bien dorés mais croustillants à l'extérieur.

Couscous facile

POUR 6 À 8 PERSONNES

Ingrédients

1 bonne noix de beurre
+ huile d'olive

2 oignons, émincés

6 à 8 cuisses de poulet

500 g de bœuf environ (collier ou paleron)

4 carottes, coupées en gros morceaux

5 courgettes, en bâtonnets

1 branche de céleri, en bâtonnets

2 c. à s. de ras el-hanout (selon votre goût)

1 c. à s. de concentré de tomates

1 boîte de tomates concassées

2 cubes de bouillon de volaille

6 à 8 merguez

Sel, poivre

Eau (pour couvrir)

80 à 100 g de semoule de couscous aromatisée par personne (épices orientales ou légumes grillés, par exemple)

Le couscous, ça impressionne toujours un peu… mais avec une Cocotte-Minute et beaucoup d'amour, c'est en réalité un plat superaccessible !

Chez nous, on le prépare quand on veut faire plaisir sans y passer la journée. Tout cuit doucement, les légumes prennent le goût des épices, et la semoule gonfle tranquillement de bonheur.

Un plat généreux, familial, qui réunit tout le monde autour de la table – et qui fait toujours l'unanimité.

Préparation (la veille, comme il se doit)

1. Dans une Cocotte-Minute, faites chauffer un mélange d'huile et de beurre. Faites dorer les oignons, puis ajoutez les cuisses de poulet et les morceaux de bœuf et faites-les revenir. Laissez-les bien colorer, c'est le secret du goût.

2. Ajoutez les carottes, les courgettes et le céleri. Parsemez généreusement de ras el-hanout. Ajoutez le concentré de tomates, les tomates concassées, les bouillons cubes, le sel et le poivre.

3. Versez de l'eau pour couvrir l'ensemble. Refermez la Cocotte-Minute et laissez cuire 30 minutes à partir du sifflement.

4. Une fois la cuisson terminée, retirez les viandes (poulet et bœuf) pour éviter qu'elles ne s'effilochent ou ne se dessèchent. Gardez-les à part, au frais.

→

5 Laissez refroidir le bouillon avec les légumes dans la cocotte. Mettez le tout au frigo. Le lendemain, les saveurs seront encore plus intenses.

6 Le jour J, réchauffez doucement le bouillon avec les légumes. Pendant ce temps, repassez les viandes au four ou à la poêle pour leur rendre du moelleux. Faites cuire les merguez à la plancha.

7 Préparez la semoule selon les indications du paquet : eau bouillante salée, gonflage, puis un peu d'huile d'olive ou de beurre pour l'égrainer.

8 Disposez la semoule dans un grand plat, ajoutez les légumes, les viandes réchauffées, les merguez dorées… et nappez généreusement de bouillon bien chaud.

Le petit plus de Vanessa ❞

Je le fais toujours la veille ! Comme ça, le jour même, je suis tranquille… et c'est encore meilleur !

Pilons de poulet

rôtis aux épices, pommes de terre fondantes aux herbes de Provence

POUR 4 PERSONNES

Ingrédients

Pour le poulet

1 c. à s. de ras el-hanout

1 c. à s. de paprika

1 c. à c. de cumin moulu

1 c. à c. de coriandre moulue

1 c. à c. de thym séché

1/2 c. à c. de sel

½ c. à c. de poivre noir moulu

6 pilons de poulet

Huile d'olive

Pour les pommes de terre

600 g de pommes de terre, coupées en morceaux

1 gros oignon rouge, émincé

2 c. à s. d'huile d'olive

1 c. à c. d'herbes de Provence

Sel, poivre

Voici une recette simple et savoureuse de pilons de poulet rôtis aux épices, accompagnés de pommes de terre fondantes parfumées aux herbes de Provence. Ce plat familial peut être décliné toute l'année selon vos envies en utilisant d'autres parties du poulet, comme des cuisses, ou en variant les légumes pour s'adapter aux saisons. Poivrons, carottes ou patates douces se marient tout aussi bien avec ce mélange d'épices. Ce plat complet se prépare en une seule cuisson au four, pour un repas facile à réaliser, convivial et plein de saveurs.

Préparation

1. Dans un petit bol, mélangez le ras el-hanout, le paprika, le cumin, la coriandre, le thym, le sel et le poivre. Badigeonnez les pilons de poulet d'un peu d'huile d'olive, puis frottez les généreusement avec le mélange d'épices. Laissez mariner 30 minutes pour que les saveurs s'imprègnent bien.

2. Sur une plaque de cuisson recouverte de papier sulfurisé, étalez les morceaux de pommes de terre et l'oignon rouge. Arrosez-les d'huile d'olive, saupoudrez d'herbes de Provence, de sel et de poivre. Mélangez bien pour enrober les pommes de terre.

→

3 Préchauffez le four à 200 °C. Disposez les pilons de poulet assaisonnés directement sur les pommes de terre, pour que le jus de cuisson les imprègne. Enfournez et faites cuire pendant 35 à 45 minutes, en retournant les pilons et les pommes de terre à mi-cuisson pour une cuisson homogène. Les pilons doivent être bien dorés et les pommes de terre fondantes.

4 Servez les pilons de poulet rôtis avec les pommes de terre aux herbes de Provence. N'hésitez pas à accompagner ce plat d'une salade verte pour un repas encore plus complet.

Conseil

Pour une touche de fraîcheur, vous pouvez ajouter quelques herbes fraîches ciselées, comme du persil ou de la coriandre, avant de servir.

↑ Couscous facile

↑ Pilons de poulet rôtis aux épices,
pommes de terre fondantes aux herbes de Provence

Poulet de Bresse

à la crème et crêpes vonnassiennes

POUR 4 PERSONNES

Ce plat est un hommage à la Bresse et à ses produits d'exception : le poulet de Bresse, à la chair tendre et goûteuse, et la crème de Bresse, épaisse et riche, qui sublime la sauce. Bien que nos filles préfèrent le plat sans champignons, des morilles peuvent être ajoutées pour une touche de saveur forestière.

Préparation du poulet de Bresse

1 **Préparer le poulet de Bresse** : dans un grand bol, faites mariner les morceaux de poulet avec le vin blanc, le sel, le thym et le laurier pendant 1 à 2 heures (ou toute la nuit au réfrigérateur pour une saveur plus marquée).

2 Dans une cocotte, faites fondre le beurre à feu moyen. Égouttez les morceaux de poulet, essuyez-les, et faites-les dorer de chaque côté dans le beurre. Salez et poivrez.

3 Retirez les morceaux de poulet dorés et réservez-les.

4 **Préparer la sauce** : dans la cocotte, faites revenir les échalotes jusqu'à ce qu'elles soient translucides.

5 Versez le vin blanc pour déglacer en grattant bien le fond, puis remettez les morceaux de poulet dans la cocotte.

6 Ajoutez le bouquet garni, couvrez, et laissez mijoter à feu doux pendant 45 minutes. ↓

Ingrédients

Pour le poulet de Bresse à la crème

1 poulet de Bresse (environ 1,5 kg), découpé en morceaux

200 ml de vin blanc sec (de préférence un vin de Bourgogne)

1 bouquet garni

50 g de beurre

2 échalotes, finement hachées

1 bouquet garni (thym, laurier, persil)

100 g de morilles fraîches ou séchées (facultatif)

400 ml de crème fraîche de Bresse

1 c. à s. de moutarde de Dijon (facultatif)

Persil frais haché (pour la garniture)

Sel, poivre

Pour les crêpes vonnassiennes

150 g de pommes de terre (environ 2 pommes de terre moyennes)

50 g de farine

100 ml de lait

2 cuillères à soupe de crème fraîche épaisse

2 œufs

25 g de beurre fondu

50 g de fromage râpé (comté ou gruyère)

1 pincée de muscade

Sel, poivre

Ciboulette ou persil frais haché (facultatif)

7 Si vous souhaitez utiliser des morilles, faites-les sauter dans un peu de beurre jusqu'à ce qu'elles soient dorées. Si vous utilisez des morilles séchées, réhydratez-les au préalable dans de l'eau tiède pendant 20 à 30 minutes, puis égouttez-les. Ajoutez-les ensuite à la sauce en fin de cuisson.

8 **Ajouter la crème** : retirez les morceaux de poulet et gardez-les au chaud.

9 Ajoutez la crème de Bresse dans la cocotte (et la moutarde si vous le souhaitez), puis laissez réduire la sauce jusqu'à épaississement.

10 Incorporez les morilles sautées si vous en utilisez. Remettez les morceaux de poulet dans la sauce et laissez mijoter 5 minutes.

Attention à ne pas manger de morille crue ! La morille fraîche nécessite d'être nettoyée méticuleusement, notamment au niveau de ses alvéoles, et d'être cuite avant d'être consommée afin de perdre sa toxicité.

Préparation des crêpes vonnassiennes

1 **Préparation des pommes de terre** : faites cuire les pommes de terre dans de l'eau salée jusqu'à ce qu'elles soient tendres. Égouttez-les et réduisez-les en purée.

2 **Préparation de la pâte à crêpes** : dans un bol, mélangez la purée de pommes de terre avec la farine, le lait, la crème, les œufs, et le beurre fondu.

3 Ajoutez le fromage râpé, puis assaisonnez de muscade, de sel, de poivre et incorporez les herbes fraîches (ciboulette ou persil) pour une touche aromatique.

4 **Cuisson des crêpes** : faites chauffer une poêle légèrement huilée à feu moyen. Versez une petite louche de pâte et étalez-la pour former une crêpe épaisse.

5 Faites cuire chaque crêpe 2 à 3 minutes de chaque côté jusqu'à ce qu'elle soit bien dorée.

Conseil

Servez les crêpes vonnassiennes bien chaudes pour accompagner le poulet de Bresse à la crème et profiter de chaque goutte de cette sauce délicieuse.

Champignons à la crème façon Bresse

POUR 4 PERSONNES

Ingrédients

1 c. à s. de beurre

2 petites échalotes, finement hachées

1 gousse d'ail, émincée

600 à 700 g de champignons de Paris ou de champignons sauvages (girolles, cèpes, etc.), nettoyés et coupés en lamelles

100 ml de vin blanc sec (facultatif)

300 ml de crème fraîche épaisse

Sel, poivre

Persil frais, haché

Les champignons, avec leur texture riche et leur saveur intense, sont une belle alternative au poulet pour ce plat.

Préparation

1. Dans une poêle, faites fondre le beurre à feu moyen. Ajoutez l'échalote et l'ail, puis faites-les revenir jusqu'à ce qu'ils soient tendres.
2. Ajoutez les champignons et faites-les sauter jusqu'à ce qu'ils soient dorés et que leur eau se soit évaporée.
3. Si vous utilisez le vin blanc, versez-le et laissez réduire de moitié.
4. Incorporez la crème, assaisonnez avec le sel et le poivre, puis laissez mijoter quelques minutes pour épaissir.
5. Avant de servir, parsemez de persil frais.
6. **Service** : présentez les champignons à la crème avec les crêpes vonnassiennes pour une assiette élégante et savoureuse, qui ravira, même sans viande, les invités.

En Bresse, le poulet, c'est une fierte.
À la maison, c'est surtout le cœur
de nos dimanches en famille.

Poulet à la bière express

POUR 4 PERSONNES

Préparation

1 Faites fondre le beurre dans une cocotte ou une sauteuse.

2 Ajoutez l'oignon émincé et faites-le revenir à feu doux.

3 Ajoutez les cubes de poulet (encore surgelés ou déjà décongelés) roulés dans un peu de farine. Faites-les dorer quelques minutes.

4 Versez la bière blonde.

5 Ajoutez la moutarde à l'ancienne, le gingembre, le sel et le fond de volaille.

6 Laissez mijoter à feu doux pendant 20 à 25 minutes, jusqu'à ce que la sauce réduise.

7 Ajoutez la crème fraîche et les graines de sésame en fin de cuisson, mélangez bien et laissez épaissir 2 à 3 minutes.

8 Servez bien chaud avec du riz, des pâtes, des ravioles, ou du pain.

Ingrédients

1 c. à s. de beurre

1 oignon, émincé (surgelé ou frais)

2 à 3 filets de blanc de poulet (frais ou surgelés), en cubes

1 c. à s. de farine

150 ml de bière blonde

1 à 2 c. à s. de moutarde à l'ancienne

1 pincée de gingembre en poudre

1 c. à s. de fond de volaille (ou cube dilué dans un peu d'eau)

100 ml de crème fraîche

1 c. à s. de graines de sésame (ajoutées en fin de cuisson)

Sel, poivre

Poulet crémeux

au gingembre et au sésame

POUR 4 PERSONNES

Ingrédients

2 oignons blancs frais ou 150 g d'oignons blancs congelés

1 c. à s. d'huile neutre

1 noix de beurre

4 filets de poulet (environ 100 g chacun)

1 c. à c. de gingembre frais râpé

1 c. à s. de mascarpone

1 c. à s. de graines de sésame

Sel et poivre (selon votre goût)

Préparation

1 **Préparer les oignons :** émincez les oignons blancs si vous utilisez des oignons frais. Dans une casserole, faites chauffer l'huile et le beurre à feu moyen. Ajoutez les oignons et les faites-les revenir jusqu'à ce qu'ils soient tendres et légèrement dorés.

2 **Cuire le poulet :** coupez les 4 filets de poulet en petits morceaux réguliers pour une cuisson homogène. Ajoutez-les dans la casserole avec les oignons. Faites-les revenir jusqu'à ce qu'ils soient bien dorés.

3 **Assaisonner et parfumer :** salez, poivrez, et ajoutez le gingembre. Mélangez bien pour que les saveurs se diffusent.

4 **Ajouter la touche crémeuse :** en fin de cuisson, ajoutez la cuillère de mascarpone. Mélangez délicatement pour enrober le poulet d'une sauce onctueuse.

5 **Finaliser avec les graines de sésame :** saupoudrez les graines de sésame sur le poulet juste avant de servir pour ajouter une texture croquante.

Bréchets de poulet

POUR 4 PERSONNES

Ingrédients

500 g de bréchets de poulet

50 g de farine

50 g de beurre
(de préférence, du beurre de Bresse)

1 filet d'huile d'olive

2 gousses d'ail, hachées finement

1 bouquet de persil, ciselé

Sel, poivre

Les bréchets de poulet, c'est plus qu'une recette : c'est un moment de vie, de partage. C'est le plat des grandes tablées, des repas qui font du bruit, des doigts qui collent et des assiettes qui circulent sans fin. Ici, pas de manières : on mange avec les doigts, sans retenue, sans chichi, juste pour le plaisir.

Et même si je suis végétarienne, ça ne change rien : je suis toujours au cœur de ces moments-là. Je prépare souvent des légumes rôtis, une belle salade, un gratin... L'essentiel, c'est d'être là, de partager, de discuter, de rire... bref, de profiter ensemble.

”

Impossible de rester propre quand on mange des bréchets. Et franchement, c'est ça, qui est bon. On attrape, on croque, on ronge jusqu'au bout, on se lèche les doigts... et on profite de l'instant. C'est l'esprit qu'on aime à notre table : une cuisine simple, généreuse, où chacun pioche, partage et se régale à son rythme.

Préparation

1. Rincez les bréchets de poulet sous l'eau froide et séchez-les soigneusement avec un torchon propre. Assaisonnez-les généreusement avec du sel et du poivre.

2. Versez la farine dans une assiette plate et passez chaque bréchet dedans, en veillant à bien les enrober. Secouez pour retirer l'excédent de farine.

3. Faites chauffer une grande poêle à feu moyen avec le beurre et un filet d'huile d'olive (l'huile empêche le beurre de brûler). Faites cuire les bréchets farinés dans la poêle chaude 8 à 10 minutes, en les retournant régulièrement, jusqu'à ce qu'ils soient bien dorés et croustillants sur toutes les faces. En fin de cuisson, ajoutez l'ail haché dans la poêle et mélangez délicatement pour enrober les bréchets sans brûler l'ail.

4. Juste avant de servir, parsemez les bréchets de persil ciselé pour ajouter une touche de fraîcheur et de couleur. Pour les servir, disposez les bréchets sur un plat de service. Accompagnez-les de pommes de terre sautées, de légumes vapeur ou d'une salade verte croquante pour un repas complet.

Poulet rôti au four

à la sauce vinaigrée de David

POUR 4 PERSONNES

Le poulet rôti, c'est un classique. Ce qui rend celui-là si spécial, c'est la touche de vinaigre dans le fond de cuisson, et l'arrosage régulier pour une peau bien dorée. Et si certains préfèrent leur poulet sans sauce, David a son astuce : un peu de vinaigre sur le blanc de poulet. Simple et délicieux.

Ingrédients

1 poulet entier

2 gousses d'ail (1 à mettre dans le poulet, 1 à disposer autour)

40 g de beurre doux, coupé en morceaux

4 à 6 pommes de terre

3 carottes

2 oignons

200 ml d'eau (à ajuster selon cuisson)

1 c. à s. de fond de volaille

3 c. à s. de vinaigre de vin

Quelques branches de thym et de romarin

Sel, poivre

Préparation

1. Préchauffez le four à 200 °C.

2. Déposez le poulet sur le dos dans une cocotte (ou dans un plat allant au four sans couvercle). Salez et poivrez généreusement.

3. Mettez une gousse d'ail entière dans le poulet, ainsi que quelques branches de thym et de romarin.

4. Placez des morceaux de beurre (environ 25 g) sur le dessus du poulet (sur la peau).

5. Épluchez et coupez grossièrement les pommes de terre, les carottes et les oignons puis répartissez-les dans le plat autour du poulet. Ajoutez l'autre gousse d'ail écrasée et les branches de thym et romarin restantes.

6. Versez l'eau dans le plat, puis ajoutez le fond de volaille et le vinaigre de vin. Mélangez bien dans le fond du plat pour que les saveurs se diffusent autour du poulet.

↓

”

Service à la David

Pour ceux qui le souhaitent : ajoutez un filet de vinaigre de vin sur le blanc de poulet au moment de servir, sans sauce.

En alternative aux légumes, vous pouvez faire des frites à part, puis les badigeonner de ce jus vinaigré juste avant de servir.

7 Enfournez pour 1 heure à 1 h 15 minimum. Retournez le poulet à mi-cuisson et arrosez-le régulièrement avec le jus de cuisson. Si nécessaire, ajoutez un peu d'eau et de vinaigre dans le fond pour garder de l'humidité et ne pas assécher le poulet.

8 Une fois le poulet cuit, sortez-le et découpez-le.

9 Récupérez le jus de cuisson, versez-le dans une casserole et ajoutez une noisette de beurre. Faites chauffer doucement pour lier.

Astuce

Augmenter la quantité de vinaigre de vin dans le fond permet de renforcer le goût acidulé et de bien équilibrer la richesse du poulet rôti. Si vous souhaitez un goût encore plus intense, n'hésitez pas à ajouter une cuillérée supplémentaire de vinaigre en fin de cuisson !

Escalopes de veau à la crème et au calvados

Version sans champignons, avec beaucoup de crème et beaucoup d'amour.

POUR 4 PERSONNES

Ingrédients

4 escalopes de veau

40 g de beurre doux

1 petit verre de calvados

500 ml de crème épaisse entière (ou plus, il faut que ça baigne !)

1 c. à c. de fond de veau (facultatif)

Sel, poivre

Accompagnements

Pain frais obligatoire pour saucer jusqu'à la dernière goutte !

Inspirée par le grand-père de David, cette recette familiale a été revisitée pour plaire à tout le monde, même aux enfants qui n'aiment pas les champignons. Pas de cidre, pas de champis, mais du calvados et un bain de crème onctueuse pour des escalopes bien tendres et savoureuses.

Préparation

1. Dans une grande poêle, faites fondre le beurre à feu vif. Une fois bien chaud, saisissez les escalopes de chaque côté jusqu'à ce qu'elles soient joliment dorées. Retirez-les de la poêle et réservez-les.

2. Dans la poêle encore chaude, déglacez en versant le calvados et grattez les sucs avec une cuillère en bois pour bien récupérer tout ce qui a accroché.

3. Laissez réduire quelques secondes et faites flamber si vous voulez retirer l'alcool.

4. Remettez les escalopes dans la poêle, tournez-les dans le calvados réduit pour bien les enrober, et laissez mijoter 2 à 3 minutes pour qu'elles s'imprègnent bien.

5. Ajoutez toute la crème.

6. Salez, poivrez, et ajoutez éventuellement une cuillérée de fond de veau.

Carrelet de Pourville

POUR 4 PERSONNES

Recette de famille, simple et savoureuse, transmise par la grand-mère de David. À Pourville, elle allait chercher son carrelet tout frais. Aujourd'hui, il perpétue cette recette à la crème onctueuse et au poisson cuit à la perfection. Une cuisine de cœur, simple et généreuse.

Ingrédients

3 échalotes

4 carrelets entiers ou 2 gros, vidés

30 g de beurre doux

20 cl de vin blanc sec

1 c. à c. de fond de poisson

40 cl de crème épaisse entière

Sel, poivre

Préparation

1 **Préparer le lit d'échalotes :** émincez finement les échalotes. Beurrez généreusement un plat allant au four (type lèchefrite), puis répartissez-y les échalotes.

2 **Installer les carrelets :** disposez les carrelets entiers par-dessus. Diluez le fond de poisson dans le vin blanc et nappez le poisson avec ce≈mélange.

3 **Cuisson :** enfournez à 200 °C pendant 30 minutes. Arrosez une ou deux fois pendant la cuisson pour bien nourrir le poisson.

4 **Lever les filets :** sortez les carrelets, réservez-les. Retirez la peau et les arêtes, gardez la chair au chaud.

5 **Préparer la sauce :** versez tout le jus de cuisson (vin, échalotes, fond de poisson) dans une casserole. Ajoutez la crème, salez, poivrez, et faites réduire à feu doux jusqu'à ce que la sauce épaississe.

6 **Filtrer la sauce :** pour une finition lisse et élégante, passez la sauce au chinois (ou à travers un tamis fin), en pressant bien pour extraire tous les arômes.

7 **Dresser :** nappez les filets de carrelet avec la sauce chaude. Servez avec du riz, des pommes de terre vapeur ou une purée maison.

Côtes de porc à la tomate

POUR 4 PERSONNES

Cette recette simple et savoureuse est un classique, mais avec cette touche de vin blanc et de basilic frais dans la sauce tomate, c'est encore plus délicieux. Un plat facile à préparer, sans trop de complications, mais tellement savoureux.

Ingrédients

4 côtes de porc

2 c. à s. d'huile d'olive

Sel et poivre

2 échalotes, émincées

2 gousses d'ail, écrasées

1 verre de vin blanc

400 g de sauce tomate (ou de tomates concassées)

Quelques feuilles de basilic frais

Préparation

1 **Saisir les côtes de porc** : dans une poêle, faites chauffer l'huile d'olive à feu moyen. Saisissez les côtes de porc des deux côtés jusqu'à ce qu'elles soient bien dorées et bien cuites à l'intérieur (4 à 5 minutes de chaque côté). Une fois cuites, réservez-les sur une assiette.

2 **Préparer la base de la sauce** : dans la même poêle, ajoutez les échalotes et l'ail. Si besoin, ajoutez un peu d'huile d'olive pour bien les faire fondre. Blanchissez-les pendant 2 à 3 minutes, jusqu'à ce qu'ils deviennent translucides.

3 **Déglacer au vin blanc** : versez le vin blanc dans la poêle pour déglacer, en grattant les sucs avec une cuillère en bois. Laissez réduire le vin blanc de moitié pendant 2 à 3 minutes.

4 **Ajouter la sauce tomate et le basilic** : ajoutez la sauce tomate (ou les tomates concassées) dans la poêle. Ajoutez les feuilles de basilic ciselées, et assaisonnez avec du sel et du poivre. Laissez cuire 5 minutes pour bien mélanger les saveurs.

5 **Réincorporer les côtes de porc** : remettez les côtes de porc dans la poêle avec la sauce. Laissez cuire encore 5 à 7 minutes, en arrosant les côtes avec la sauce.

6 **Servir** : une fois les côtes de porc bien enrobées de sauce tomate, servez-les avec des légumes, des pâtes, ou des pommes de terre vapeur.

Astuce

Si tu préfères une sauce plus sucrée, tu peux ajouter un peu de sucre pour attenuer l'acidité des tomates.

Côte de bœuf d'hiver au barbecue

POUR 4 PERSONNES

Ingrédients

1 côte de bœuf (environ 1,2 kg, épaisse)

Huile d'olive

Gros sel

Herbes de Provence

Pommes de terre (200 à 250 g par personne)

Papier aluminium (pour envelopper la viande et les pommes de terre)

Faire un barbecue en plein hiver ? Pourquoi pas ! La côte de bœuf est idéale pour ça. Avec un peu de préparation et un feu maîtrisé, vous obtenez une viande parfaite, tendre et savoureuse, avec une croûte dorée et un cœur juteux. Une vraie gourmandise, peu importe la saison.

Préparation de la côte de bœuf

1 **Préparer le barbecue :** allumez le barbecue et laissez le feu prendre. Une fois que les braises sont bien rouges et chaudes, faire chauffer la grille à blanc pour éviter que la viande n'y adhère. Sortez la côte de bœuf du frigo 30 minutes avant la cuisson pour qu'elle soit à température ambiante.

2 **Assaisonner la viande** : badigeonnez la côte de bœuf avec de l'huile d'olive sur chaque face. Saupoudrez de gros sel et d'herbes de Provence généreusement, en veillant à ne pas négliger la tranche de la viande.

3 **Cuisson de la côte de bœuf** : placez la côte de bœuf sur la grille bien chaude, en la saisissant d'abord sur chaque face pendant 2 à 3 minutes pour bien marquer la viande et obtenir une croûte dorée. →

4 Si des flammes apparaissent, déplacez la viande pour éviter qu'elle ne brûle. Ensuite, enveloppez la viande dans du papier aluminium et laissez-la reposer pendant 30 minutes.

5 **Repos et fin de cuisson** : après les 30 minutes de repos, remettez la côte de bœuf sur la grille pendant encore 7 à 8 minutes de chaque côté, selon l'épaisseur de la viande et la cuisson souhaitée (plus ou moins rosée). Pour maintenir la viande au chaud, vous pouvez la placer dans un four préchauffé à 80 °C.

Préparation des pommes de terre

1 **Cuisson des pommes de terre :** emballez les pommes de terre dans du papier aluminium et placez-les directement dans le feu (ou sur les braises).

2 Cuisez-les pendant environ 30 à 40 minutes, en fonction de la taille des pommes de terre. Elles doivent être tendres à l'intérieur.

Sauce béarnaise maison

POUR 6 PERSONNES

Voici la recette pour accompagner cette magnifique côte de bœuf avec une sauce béarnaise onctueuse et parfumée.

Préparation de la sauce béarnaise

1 **Réduction du vin et du vinaigre** : dans une petite casserole, mettez les échalotes, le thym, le laurier, et l'estragon (réservez quelques feuilles pour l'assaisonnement en fin de préparation). Ajoutez le vin blanc et le vinaigre et faites réduire à feu moyen jusqu'à ce qu'il reste environ 2 cuillérées à soupe de liquide. Filtrez ensuite cette réduction pour enlever les échalotes et les herbes.

2 **Préparer la base de la sauce** : dans un bain-marie, fouettez les jaunes d'œufs avec la réduction filtrée. Ajoutez une pincée de sel et de poivre. Fouettez jusqu'à ce que le mélange devienne crémeux et léger.

3 **Incorporer le beurre clarifié** : ajoutez le beurre clarifié au mélange, petit à petit, en fouettant constamment pour que la sauce épaississe. Quand la sauce est bien lisse et crémeuse, goûtez et ajustez l'assaisonnement si nécessaire. Ajoutez quelques feuilles d'estragon frais hachées pour finir.

Ingrédients

2 échalotes, finement émincées

1 brin de thym

1 feuille de laurier

1 gros brin d'estragon

50 cl de vin blanc sec

25 cl de vinaigre de vin blanc

3 jaunes d'œufs

250 g de beurre clarifié

Sel et poivre

Astuce

Si tu veux encore plus de saveur, tu peux ajouter une gousse d'ail écrasée dans la réduction de vin et de vinaigre pour parfumer davantage la sauce béarnaise.

Fondue de ramequin du Bugey

POUR 5 PERSONNES

Ingrédients

8 à 10 fromages ramequins, coupés en fines lamelles

75 g de beurre

4 gousses d'ail, finement hachées

3 c. à s. de farine

Environ 600 ml d'eau tiède (ajustez selon la texture souhaitée)

Sel et poivre, selon le goût

Le ramequin est un petit fromage sec et corsé au lait de vache, originaire de la région de la Bresse et du Bugey, dans l'Ain. Très affiné, il possède une texture ferme, presque cassante, et un goût puissant, typé et parfois piquant. On ne le consomme pas tel quel, mais toujours fondu, lui révélant toutes ses saveurs, ce qui le rend idéal pour des plats comme la fondue bugiste, ou encore fondu sur des croûtons, dans une omelette ou une sauce.

Préparation

1 **Préparer la base de la fondue :** dans un grand caquelon ou une casserole à fond épais, faites fondre le beurre à feu doux. Ajoutez l'ail haché et laissez-le revenir quelques instants jusqu'à ce qu'il soit doré, en remuant pour éviter qu'il ne brûle.

2 **Incorporer la farine :** ajoutez la farine au beurre et à l'ail pour former un roux blond. Remuez constamment avec une spatule en bois pendant 1 à 2 minutes pour obtenir une consistance lisse, qui épaissira la fondue.

3 **Ajouter le fromage :** déposez les lamelles de ramequins dans le caquelon. Mélangez-bien pour enrober le fromage dans le roux. Continuez à chauffer à feu doux, en remuant fréquemment, pour éviter que le fromage n'attache.

4 **Détendre avec de l'eau :** versez progressivement l'eau tiède tout en remuant, jusqu'à obtenir une consistance crémeuse. Adaptez la quantité d'eau selon votre préférence, en ajoutant davantage si vous souhaitez une fondue plus fluide.

5 **Assaisonnez :** salez légèrement et poivrez selon votre goût. Attention au sel, car le ramequin est déjà naturellement salé.

6 **Cuisson :** laissez cuire la fondue à feu doux pendant environ 10 minutes, sans la porter à ébullition, pour que les saveurs se mélangent bien.

7 **Service :** Servez la fondue bien chaude, accompagnée de morceaux de pain de campagne légèrement rassis que vos convives pourront tremper dans le caquelon, à la manière d'une fondue savoyarde.

”

Son nom vient du petit récipient dans lequel il est traditionnellement fondu et servi : le ramequin. Ce fromage ancien fait partie du patrimoine culinaire local, apprécié des amateurs de fromages de caractère.

La fondue de ramequin se mange avec du pain de campagne coupé en petits morceaux et un bon verre de vin rouge.

Alternative plus douce : Fondue au camembert

Ce plat authentique met en avant le caractère du Bugey, et l'alternative au camembert permet d'adapter la recette pour une fondue plus légère, tout en préservant la convivialité du repas.

1 Pour un goût plus doux, remplacez les ramequins par du camembert. Cette version est tout aussi onctueuse mais plus douce.

2 Utilisez 3 camemberts (environ 750 g), sans la croûte et coupés en dés à la place des ramequins, et suivez les mêmes étapes de préparation. La fondue au camembert se marie aussi bien avec le pain de campagne et peut être servie avec des légumes frais pour une touche de variété.

Sucré

Petits déjeuners, desserts et goûters

Granola maison

POUR 12 PETITS DÉJEUNERS

Le granola maison, c'est exactement le genre de recette qu'on aime faire. Pourquoi ? Parce qu'on sait ce qu'il y a dedans. Parce qu'on contrôle tout. Pas de sucre raffiné, pas de conservateurs bizarres... Juste des bonnes choses, du sucre naturel.

Une base de flocons d'avoine... et après, vous faites comme vous aimez. C'est vous qui décidez du reste. Selon vos goûts, vos envies, la saison... ou juste ce qu'il reste dans vos placards.

Ingrédients

La base (obligatoire)

250 g de flocons d'avoine

Ce que vous voulez ajouter (total 150 g)

À vous de choisir, selon l'envie :

Amandes

Noisettes

Noix

Noix de cajou

Graines (tournesol, courge, chia...)

Ou un mélange de tout !

L'important : concasser ou mixer grossièrement, pour garder des morceaux, mais que ça reste agréable à grignoter.

La touche gourmande (total 50 g)

À ajouter après cuisson :

Cranberries

Raisins secs

Noix de coco râpée

Pépites ou copeaux de chocolat noir ou au lait

Ou un peu de tout (mais pas obligatoire)

Pour lier et sucrer naturellement

15 cl de jus de pomme

3 c. à s. d'huile neutre (ou huile de coco)

1 pincée de sel

Préparation

1 Préchauffez le four à 160 °C.

2 Dans un grand saladier, mélangez les flocons d'avoine avec les fruits secs concassés et les graines, ajoutez le jus de pomme et l'huile. Versez le mélange du jus de pomme et de l'huile sur les ingrédients secs. Mélangez bien.

3 Étalez sur une plaque recouverte de papier cuisson. Enfournez pour 20 minutes, en remuant toutes les 5 minutes.

4 Laissez complètement refroidir (c'est là que ça devient croustillant).

5 Ajoutez les gourmandises : cranberries, raisins, coco, copeaux de chocolat... ou rien !

6 Conservez dans un bocal hermétique.

Astuce

À grignoter au petit déjeuner, au goûter, ou à picorer directement à la main en passant devant le bocal.

Petit déjeuner

starter énergie de David

POUR 1 PERSONNE

Ingrédients

100 g de lardons

3 œufs

30 g de gruyère râpé

Quelques gouttes de Tabasco (facultatif, selon votre goût)

2 tranches de pain complet

Café (selon préférence)

Énergie garantie dès le matin avec ce petit déjeuner copieux et plein de saveurs. David commence toujours sa journée avec un petit déjeuner qui réveille, avec des œufs, des lardons, un peu de fromage râpé et un soupçon de Tabasco. Accompagné de toasts bien dorés, c'est l'idéal pour démarrer la journée avec énergie.

Préparation

1 **Cuire les lardons :** dans une poêle chaude, faites cuire les lardons à feu moyen jusqu'à ce qu'ils soient bien réduits et légèrement croustillants. Réservez les lardons dans l'assiette.

2 **Cuire les œufs au plat :** dans la même poêle (en laissant un peu de graisse des lardons), cassez 3 œufs et faites-les cuire au plat. Les blancs doivent être bien cuits et les jaunes intacts.

3 **Ajouter le fromage :** dès que les œufs commencent à cuire, ajoutez le gruyère râpé autour des jaunes (pas sur les blancs). Laissez fondre légèrement le fromage.

4 **Ajouter le Tabasco :** ajoutez quelques gouttes de Tabasco sur les jaunes d'œufs pour un léger coup de piquant.

5 **Préparer les toasts :** pendant ce temps, faites griller deux tranches de pain complet.

6 **Assembler :** servez les œufs et lardons sur une assiette, avec les toasts grillés à côté.

7 **Déguster :** à accompagner de ton café préféré pour bien démarrer la journée.

Petit déjeuner

énergie de Vanessa

POUR 1 BOL

Le petit déjeuner de Vanessa se compose d'un bol complet, équilibré et gourmand, parfait pour bien démarrer la journée. Facile à adapter selon les saisons ou les envies, et prêt en 5 minutes chrono.

Ingrédients

3 à 4 c. à s. de skyr nature ou de yaourt grec (base protéinée)

3 à 4 c. à s. de flocons d'avoine ou de granola nature

3 à 4 c. à s. de compote sans sucre ajouté (pomme, poire, pêche...)

1 c. à s. de beurre de cacahuète

1 c. à s. de graines de courge

1 c. à s. de graines de tournesol

Une petite poignée de fruits rouges frais ou surgelés (framboises, myrtilles, mûres...)

Préparation

1. Dans un bol, commencez par déposer le skyr au fond.
2. Ajoutez les flocons d'avoine ou le granola par-dessus.
3. Déposez une cuillère de beurre de cacahuète sur un côté.
4. Ajoutez les graines de courge, de tournesol et les fruits rouges.
5. Dégustez tel quel, ou mélangez le tout pour une version plus fondante.

Yaourt gourmand minute

POUR 1 PERSONNE

Ingrédients

1 yaourt nature (ou yaourt végétal)

1 c. à c. de miel ou sirop d'agave

1 petite poignée de fruits rouges surgelés (décongelés)

1 c. à s. de muesli ou graines (lin, chia, tournesol...)

Un dessert ou un goûter ultra rapide et personnalisable à l'infini.

Préparation

1. Dans un bol, versez le yaourt.
2. Ajoutez le miel ou le sirop d'agave.
3. Décongelez les fruits rouges 30 secondes au micro-ondes et ajoutez-les au yaourt.
4. Ajoutez le muesli ou les graines, mélangez et dégustez aussitôt.

MIEL DE
FLEURS
500G

Tartine chococajou

POUR 1 PERSONNE

Un goûter simple, nourrissant et réconfortant, prêt en 2 minutes.

Ingrédients

1 tranche de pain complet ou aux céréales

1 c. à c. de beurre de noix de cajou ou beurre de cacahuète

Quelques copeaux de chocolat noir (ou pépites)

Option : rondelles de banane ou de fraises fraîches

Préparation

1. Toastez légèrement la tranche de pain.
2. Tartinez avec le beurre de noix de cajou ou le beurre de cacahuètes.
3. Ajoutez les copeaux de chocolat noir par-dessus.
4. Ajoutez quelques rondelles de fruit si souhaité, et dégustez encore tiède.

Bouchées énergie express

POUR 1 PERSONNE

Ingrédients

3 dattes dénoyautées (ou abricots secs)

1 c. à c. de beurre de cacahuète ou de noisette

1 c. à s. de coco râpée ou graines de sésame

Une bouchée pleine d'énergie, sucrée naturellement, prête en 1 minute.

Préparation

1 Ouvrez les dattes ou abricots secs en deux.

2 Fourrez-les avec un peu de beurre de cacahuète ou de noisette.

3 Refermez doucement et roulez-les dans de la coco râpée ou des graines.

4 À déguster aussitôt ou à conserver au frais 1 ou 2 jours.

Boosties

POUR 4 PERSONNES

Nous sommes toujours à la recherche de petites idées pratiques et gourmandes pour l'heure du goûter. Avec trois filles à la maison, il n'est pas toujours simple de trouver des encas qui plaisent à tout le monde, tout en étant bons pour la santé. J'ai donc imaginé ces boules d'énergie, une collation à la fois nutritive et délicieuse, qui fait l'unanimité. Elles sont parfaites pour les petites faims de l'après-midi, mais aussi idéales pour moi avant une séance de sport. Rapides à préparer et faciles à emporter, ces boosties sont devenus un incontournable de notre routine, et ils se glissent facilement dans le sac de sport ou dans la boîte à goûter des enfants.

Ingrédients

100 g de flocons d'avoine

1 c. à c. de cacao sans sucre

2 à 3 c. à s. de miel (ajuster selon la consistance souhaitée)

50 g de noix de cajou

1 c à soupe d'huile de coco

30 g d'amandes effilées

Fruits secs (raisins, cranberries) ou 4 à 5 dattes en remplacement du miel, noix de coco râpée

Préparation

1 Mixez les flocons d'avoine avec le cacao, jusqu'à obtenir une poudre homogène.

2 Ajoutez le miel, les noix de cajou, et les amandes effilées, puis mixez à nouveau jusqu'à obtenir une pâte collante. Ajustez le miel pour que la pâte se tienne bien.

3 Formez des boules d'environ 30 g chacune en les roulant entre vos mains.

4 Placez-les au frais pendant au moins 30 minutes pour qu'elles se raffermissent.

Conseils

Ces boules d'énergie se conservent quelques jours au réfrigérateur. Parfaites pour une collation avant le sport, un goûter, ou un petit déjeuner rapide.

Milk-shake rapide à la banane

POUR 2 GRANDS VERRES

Ingrédients

1 belle banane bien mûre

300 ml de lait bien frais

2 boules de glace vanille
(ou 2 yaourts à la vanille)

Quelques glaçons (facultatif)

C'est notre recette des goûters de dernière minute ou des envies sucrées qui arrivent sans prévenir.

En 2 minutes, on a un milk-shake ultra-frais, ultra simple et super bon. C'est aussi une délicieuse idée pour utiliser les bananes un peu fatiguées qui restent dans la corbeille.

Préparation

1. Mettez tous les ingrédients dans un blender : la banane coupée en morceaux, le lait, les boules de glace (ou le yaourt) et un trait de miel si vous aimez un milk-shake un peu plus sucré.
2. Mixez jusqu'à obtenir un mélange bien lisse et mousseux.
3. Versez dans de grands verres.
4. Servez aussitôt, avec une paille ou… directement à grandes gorgées !

Pâte à crêpes

POUR 15 À 20 CRÊPES

C'est une recette que faisaient les parents de Vanessa, que l'on continue de transmettre à nos filles. Elle est ultra simple, fonctionne aussi bien en version sucrée que salée, et surtout, elle se prépare au mixeur pour une pâte toujours lisse et sans grumeaux.

Les filles la font en toute autonomie : soit on sort la crêpière pour une soirée crêpes autour de la table, soit on prépare de grandes crêpes qu'on garnit et passe au four, pour tout servir d'un coup.

Et chacun y va de son mélange un peu spécial... rien ne choque plus personne ! Moi (Vanessa), par exemple, j'adore une version sucrée-salée un peu inattendue : pâte à tartiner, camembert et cornichons. Oui, oui... surprenant, mais délicieux (enfin pour moi !). La crêpe, c'est vraiment le plat libre et joyeux par excellence.

Ingrédients

500 g de farine

4 œufs

1 L de lait

2 c. à s. d'huile neutre (tournesol, colza...)

1 pincée de sel

Vanille liquide ou fleur d'oranger pour une version sucrée (facultatif)

Préparation

1. Dans le bol du mixeur, versez d'abord la farine et la pincée de sel.
2. Ajoutez les œufs, puis commencez à mixer doucement.
3. Incorporez le lait petit à petit tout en mixant pour éviter les grumeaux.
4. Terminez par l'huile et mixez une dernière fois pour obtenir une pâte bien lisse.
5. Laissez reposer 30 minutes si possible (personnellement je n'ai pas trop de patience, donc j'enchaîne avec la cuisson). En général on fait cuire TOUTE la pâte et s'il reste des crêpes, on les mange au petit déjeuner, le lendemain matin, ou à l'heure du goûter. Finalement, il n'y a pas d'heure pour manger des crêpes !

Astuce

Cette pâte peut être utilisée pour faire des gaufres (dans un gaufrier) ou des pancakes (il suffit de mettre plus de pâte et de les faire plus petites)

”

La recette de Vanessa, née un 2 février... jour de la Chandeleur !

Crostata à la confiture

POUR 8 À 10 PERSONNES

Ingrédients

300 g de farine

150 g de sucre

1 pincée de sel

½ sachet de levure chimique

Zeste d'un citron râpé

150 g de beurre (mou, mais non fondu)

Confiture au choix

C'est le gâteau de l'arrière-grand-mère italienne de Vanessa. Elle le faisait avec de la confiture maison et une pâte sablée qu'elle préparait à la main, sans recette. Un dessert tout simple, plein de souvenirs et de douceur. À chaque bouchée, c'est un petit bout d'Italie et de mon enfance qui revient.

Préparation

1. **Préparation de la Pâte :** dans un grand bol, mélangez la farine, le sucre, le sel, la levure et le zeste de citron.

2. Ajoutez le beurre mou et travaillez la pâte jusqu'à obtenir une consistance homogène.

3. **Assemblage de la crostata :** étalez les 3/4 de la pâte dans le fond d'un moule, en appuyant légèrement pour bien la répartir.

4. Piquez la pâte avec une fourchette pour éviter qu'elle ne gonfle.

5. Étalez la confiture de votre choix sur la pâte.

6. Avec le 1/4 de pâte restant, formez de petites lanières et disposez-les en croisillons sur la confiture pour décorer.

7. **Cuisson :** préchauffez le four à 200 °C.

8. Faites cuire la crostata pendant environ 30 minutes, jusqu'à ce qu'elle soit bien dorée.

Crème pâtissière facile

POUR UN FOND DE TARTE OU 5 PERSONNES

Ingrédients

500 ml de lait

1 c. à c. d'extrait de vanille

4 jaunes d'œufs

100 g de sucre

40 g de Maïzena

Préparation

1. **Chauffer le lait** : dans une casserole, faites chauffer le lait avec l'extrait de vanille jusqu'à frémissement.

2. **Mélanger les œufs et le sucre** : dans un bol, fouettez les jaunes d'œufs avec le sucre, puis ajoutez la Maïzena et mélangez bien.

3. **Incorporer le lait chaud** : versez doucement le lait chaud sur le mélange d'œufs en fouettant.

4. **Épaissir la crème** : remettez le mélange dans la casserole, faites chauffer à feu moyen en remuant constamment jusqu'à ce que la crème épaississe.

5. **Laisser refroidir** : versez la crème dans un bol, filmez au contact pour éviter une croûte, et laissez refroidir.

Tiramisu

POUR 8 PERSONNES

Le mot « tiramisu » vient de l'italien et signifie littéralement « Tire-moi vers le haut » – autrement dit, « Remonte-moi le moral ». Et c'est exactement ce que fait ce dessert ! Entre le café, le cacao et le mascarpone, tout est réuni pour réconforter, faire plaisir et mettre tout le monde de bonne humeur.

C'est la recette de mon enfance, celle qui me ramène directement chez mon grand-père. Il la préparait toujours avec soin… et un petit sourire en coin. Il a gardé sa recette secrète pendant des années, jusqu'au jour où il m'a enfin confié ses astuces.

Aujourd'hui, je perpétue cette recette traditionnelle à la maison. Comme les enfants n'aiment pas le café, je prépare toujours deux versions : une pour les grands, avec le goût intense du café, et une autre pour les petits, avec des biscuits imbibés dans du lait au cacao. Deux plaisirs, une seule émotion : le bonheur de partager.

Ingrédients

200 ml de café fort (non sucré)

4 jaunes d'œufs

100 g de sucre

250 g de mascarpone (1 pot standard)

4 blancs d'œufs

15-20 biscuits à la cuillère (selon la taille du plat)

200 ml de lait au cacao (pour la version sans café)

Cacao en poudre, pour saupoudrer au moment du service

Préparation

1 Préparez un café fort et laissez-le refroidir dans un bol.

2 **Séparer les œufs** : dans un grand bol, mettez les jaunes d'œufs et le sucre. Fouettez jusqu'à ce que le mélange blanchisse et devienne crémeux.

3 Incorporez le mascarpone aux jaunes d'œufs sucrés. Mélangez bien pour obtenir une crème lisse.

↓

4 **Monter les blancs en neige :** dans un autre bol, battez les blancs d'œufs en neige ferme. Incorporez-les délicatement à la préparation au mascarpone, en soulevant la crème avec une spatule pour conserver l'onctuosité.

5 **Imbiber les biscuits :** *pour le tiramisu classique :* trempez rapidement les biscuits dans le café refroidi, en les imbibant légèrement pour éviter qu'ils ne deviennent trop mous. Disposez-les en une seule couche dans le fond d'un premier plat.

6 *Pour la version sans café :* trempez les biscuits dans le lait au cacao refroidi et disposez-les dans le fond d'un deuxième plat.

7 **Monter le tiramisu :** étalez une couche de crème au mascarpone sur les biscuits dans chaque plat.

8 Ajoutez une deuxième couche de biscuits imbibés (café pour le premier plat, lait au cacao pour le deuxième), puis une autre couche de crème. Terminez par une couche de crème au mascarpone.

9 **Couvrir le plat :** recouvrez délicatement les deux tiramisus de film plastique pour éviter que l'humidité du réfrigérateur n'altère leur texture.

10 **Laisser reposer au frais :** mettez les tiramisus au réfrigérateur et laissez-les reposer pendant 4 à 6 heures ou, idéalement, une nuit pour permettre aux saveurs de se développer.

11 **Saupoudrer de cacao avant de servir :** juste avant le service, utilisez un tamis pour saupoudrer une fine couche de cacao en poudre sur la surface de chaque tiramisu.

Affogato

PAR PERSONNE

C'est le dessert parfait quand on n'a ni le temps ni l'envie de préparer un gros gâteau... mais qu'on veut quand même finir le repas sur une touche sucrée et conviviale.

L'affogato, c'est un grand classique italien : Simple, rapide, et délicieux.

Chez nous, c'est devenu un rituel. Les grands ont leur affogato et les enfants ont leur version rien qu'à eux. Même geste, même plaisir, et surtout, tout le monde a le droit à son petit moment gourmand.

C'est un dessert qui ne fait pas de chichi... mais qui fait toujours son petit effet.

Ingrédients

1 belle boule de glace à la vanille ou au chocolat (ou autre parfum selon les goûts)

Pour les grands

1 café expresso bien chaud

Pour les enfants

1 petit verre de chocolat chaud ou 1 petit verre de lait chaud légèrement sucré et parfumé à la vanille

Préparation

1. Déposez une belle boule de glace dans un petit verre ou une jolie coupe.
2. Au moment de servir (c'est encore mieux devant les invités), versez le café bien chaud pour les adultes, ou le chocolat chaud/lait chaud pour les enfants, directement sur la glace.
3. Dégustez tout de suite, à la cuillère... en laissant fondre, mélangez, et savourez !

Variante

Ajouter des copeaux de chocolat, un petit nuage de chantilly ou des noisettes concassées pour les plus gourmands. Mais souvent, on garde ça très simple : une glace, un café ou un chocolat... et un joli moment à partager tous ensemble.

Tarte bressane

à la crème et au sucre

POUR UNE TARTE DE 28 CM

Ingrédients

Pâte briochée

10 g de levure de boulanger fraîche (ou 5 g de levure sèche)

5 cl de lait tiède

250 g de farine (T45 de préférence)

10 g de sucre

5 g de sel

2 œufs

50 g de beurre de Bresse AOP, à température ambiante

Garniture

180 g de sucre

120 g de crème épaisse de Bresse AOP

Astuce

Chez nous, nous avons la chance d'avoir un four à pain traditionnel, et c'est toujours un bonheur d'y cuire cette tarte. Ce four, on l'utilise aussi pour les pizzas, les viandes, les gratins.

Spécialité de la Bresse, à mi-chemin entre une brioche et une tarte, avec une garniture riche à base de crème et de sucre.

Préparation

1 **Préparation de la pâte briochée :** délayez la levure dans le lait et laissez reposer 10 minutes. Dans un grand saladier ou le bol d'un robot, mélangez la farine, le sucre et le sel. Ajoutez les œufs et le mélange de levure. Pétrissez environ 15 minutes jusqu'à obtenir une pâte homogène et élastique. Incorporez le beurre mou en morceaux et pétrissez jusqu'à absorption complète. Formez une boule, couvrez d'un linge propre et laissez lever 1 h 30 à 2 heures dans un endroit tiède.

2 **Façonnage et garniture :** dégazez la pâte, puis étalez-la en un disque de 1 cm d'épaisseur sur une plaque recouverte de papier sulfurisé. Couvrez et laissez reposer 30 minutes. Mélangez la crème et le sucre jusqu'à obtenir une texture homogène. Formez des creux avec les doigts sur la pâte et répartissez-y la garniture.

3 **Cuisson :** préchauffez le four à 160 °C. Enfournez pour 20 à 22 minutes jusqu'à ce que la tarte soit dorée. Laissez refroidir avant dégustation.

Choco twist

au beurre de cacahuète

POUR 8 PERSONNES

Préparation

1. Préchauffez le four à 180 °C (chaleur tournante).
2. Déroulez la première pâte feuilletée sur une plaque recouverte de papier cuisson.
3. Tartinez une fine couche de beurre de cacahuète sur toute la surface, sans aller jusqu'aux bords.
4. Parsemez le chocolat noir coupé en petits morceaux ou en pépites.
5. Recouvrez avec la deuxième pâte feuilletée et appuyez légèrement pour souder.
6. Découpez des bandes de 2 cm de large. Torsadez chaque bande sur elle-même.
7. Disposez les torsades sur la plaque. Badigeonnez-les de jaune d'œuf.
8. Enfournez pour 15 à 20 minutes, jusqu'à ce que les feuilletés soient bien dorés.

Ingrédients

2 pâtes feuilletées rectangulaires (prêtes à dérouler)

100 g de chocolat noir 70 % (en tablette ou pépites)

2 à 3 c. à s. de beurre de cacahuète (crémeux ou crunchy)

1 jaune d'œuf ou un peu de lait végétal (pour la dorure)

Astuce

Avant cuisson, vous pouvez saupoudrer les torsades de graines de sésame ou d'un peu de fleur de sel pour faire ressortir les saveurs du chocolat et du beurre de cacahuète.

Tarte fine aux pommes

POUR 1 TARTE FINE

Ingrédients

1 pâte feuilletée

1 c. à s. de poudre d'amande (facultatif)

2 c. à s. de compote de pomme sans sucre (vous pouvez la faire maison)

4 à 5 pommes (golden ou royal gala)

½ citron

1 c. à s. de sucre roux

1 sachet de sucre vanillé

Quelques petits morceaux de beurre

1 c. à s. de confiture d'abricot (pour la finition)

Astuce

Chez nous, nous avons la chance d'avoir un four à pain traditionnel, et c'est toujours un bonheur d'y cuire cette tarte. Ce four, on l'utilise aussi pour les pizzas, les viandes, les gratins.

La cuisine, c'est souvent une histoire de simplicité… et de transmission. Cette tarte fine aux pommes, c'est typiquement le genre de recette qu'on adore : rapide à faire, sans prise de tête, mais avec des petits gestes appris sans même s'en rendre compte.

Nous y avons glissé naturellement les astuces de la grand-mère de David. Une tarte fine, dorée, ultra croustillante et qu'on mange souvent à la main, debout, sans même attendre qu'elle refroidisse.

Parce que cuisiner maison, c'est vivre de purs moments de bonheur par des plaisirs tout simples.

Préparation

1. Préchauffez votre four à 180 °C.

2. Déroulez la pâte feuilletée directement sur une plaque recouverte de papier cuisson. Saupoudrez légèrement le fond de la pâte avec la poudre d'amande. Étalez une fine couche de compote de pomme.

3. Épluchez et coupez les pommes en fines lamelles. Disposez-les joliment en rosace, en les faisant bien se chevaucher. Pressez un filet de citron sur les pommes pour réveiller leur goût et les empêcher de noircir. Saupoudrez le sucre roux et le sucre vanillé sur l'ensemble. Parsemez de petits morceaux de beurre un peu partout.

4. Enfournez pour 30 à 35 minutes, jusqu'à ce que la tarte soit bien dorée. À la sortie du four, badigeonnez les pommes avec un peu de confiture d'abricot tiédie pour les faire briller. Laissez tiédir un peu… ou pas.

Flan amaretto

Version maison

POUR 4 PERSONNES

Ingrédients

150 g d'amaretti

5 cl de marsala

50 cl de lait entier

100 g de chocolat noir (minimum 60 % de cacao)

3 œufs

80 g de sucre

1 c. à s. de Maïzena (facultatif, pour une texture plus ferme)

Préparation

1. **Préparer la base aux amaretti :** déposez les amaretti dans des coupelles.
2. Arrosez avec le marsala et laissez imbiber 10 minutes.
3. **Préparer le flan au chocolat :** faites chauffer le lait jusqu'à frémissement.
4. Ajoutez le chocolat en morceaux et remuez jusqu'à ce qu'il soit fondu.
5. Dans un bol, fouettez les œufs avec le sucre jusqu'à blanchiment.
6. Ajoutez la Maïzena et mélangez bien.
7. Versez progressivement le lait chocolaté sur les œufs tout en fouettant.
8. Remettez sur feu doux et faites épaissir quelques minutes sans cesser de remuer (sans faire bouillir).
9. **Montage :** versez le flan sur les amaretti imbibés.
10. Laissez refroidir à température ambiante, puis placez au frais pendant au moins 3 heures avant de servir.

Version rapide avec flan en sachet

Préparation

1 **Préparer la base aux amaretti :** Disposez les amaretti dans des coupelles et imbibez-les de marsala.

2 **Préparer le flan :** préparez le flan au chocolat selon les instructions du sachet, en utilisant 50 cl de lait.

3 **Montage** : versez le flan chaud sur les amaretti imbibés.

4 Laissez refroidir et placez au réfrigérateur au moins 3 heures avant de déguster.

Ingrédients

150 g d'amaretti

5 cl de marsala

1 sachet de préparation pour flan au chocolat

50 cl de lait entier

Conseil

Vous pouvez servir avec un peu de chantilly maison ou achetée dans le commerce.

Bananes flambées

au calvados de David

POUR 4 PERSONNES

Ingrédients

4 bananes mûres mais encore fermes

40 g de beurre demi-sel

2 à 3 c. à s. de sucre de canne

1 petit verre de calvados

Une pincée de vanille ou de cannelle (facultatif)

Crème fraîche épaisse bien froide, servie à part

David est le maître du flambage. Sa recette ? Un classique revisité avec du calvados, une cuisson parfaite, et une crème fraîche servie à côté, parce que chacun dose à sa façon.

Et pour moi, qui n'aime pas les bananes ? Il a créé une autre version, avec de la patate douce fondante. C'est notre dessert minute préféré.

Préparation

1. **Préparer les bananes** : épluchez les bananes et coupez-les en deux dans le sens de la longueur.
2. **Faire dorer dans le beurre** : faites fondre le beurre dans une grande poêle.
3. Déposez les bananes et laissez dorer doucement, sans sucre, pendant 3 à 4 minutes.
4. **Caraméliser** : saupoudrez de sucre de canne, laissez fondre et caramélisez légèrement les bananes, en les retournant délicatement.
5. **Flamber** : Hors du feu, versez le calvados sur les bananes, puis faites flamber avec précaution. Laissez réduire quelques secondes si besoin.
6. **Servir** : disposez les bananes dans des assiettes. Nappez de jus caramélisé, et servez une cuillère de crème fraîche froide à côté, pour le contraste chaud-froid irrésistible.

Patate douce flambée au calvados

POUR 4 PERSONNES

Pour ceux qui n'aiment pas les bananes, comme Vanessa, mais qui adorent les plaisirs gourmands.

Ingrédients

Remplacez les bananes par 400 g de patates douces, pelées et coupées en gros morceaux.

Préparation

1. Faites précuire les patates douces à la vapeur (ou à l'eau) 10 à 12 minutes.
2. Égouttez, faites dorer dans le beurre, caramélisez au sucre de canne, puis flambez au calvados.
3. Dresser comme pour les bananes, avec la crème servie à part.

↑ Flan amaretto

↑ Bananes flambées au Calvados de David

Mousse au chocolat

POUR 6 À 8 PETITS POTS

Ingrédients

200 g de chocolat noir pâtissier

6 œufs

1 pincée de sel

Une touche de vanille ou une cuillère de café froid pour relever le chocolat (facultatif)

S'il y a bien un dessert qui fait l'unanimité, c'est celui-là. Simple, intense, fondante… la mousse au chocolat, c'est le classique qui marche à tous les coups.

Mais pour moi, c'est surtout le dessert que Vanessa aime préparer pour son papa. C'est son péché mignon, celui qu'il attend avec impatience quand il vient dîner. Elle le fait toujours avec un petit supplément d'amour, rien que pour ça.

Préparation

1. Faites fondre le chocolat dans une casserole ou au micro-ondes (par petites touches de 30 secondes), puis laissez tiédir.
2. Séparez les blancs des jaunes.
3. Ajoutez les jaunes un à un dans le chocolat fondu en mélangeant bien.
4. Montez les blancs en neige bien fermes avec une pincée de sel.
5. Incorporez les blancs délicatement à la préparation au chocolat, en soulevant la masse avec une spatule pour ne pas les casser.
6. Versez la mousse dans des ramequins ou un grand plat, puis placez au frais au minimum 4 heures (idéalement, une nuit).

Gâteau au Chocolat

POUR 6 PETITS GÂTEAUX OU 1 GRAND GÂTEAU

Ingrédients

200 g de chocolat

110 g de beurre

10 g de cacao en poudre (non sucré)

1 pincée de sel

1 c. à c. d'extrait de vanille

4 œufs (séparer les blancs des jaunes)

120 g de sucre (60 g pour les jaunes, 60 g pour les blancs)

90 g de farine

½ sachet de levure chimique

6 carrés de chocolat noir (pour le cœur coulant)

Un peu de beurre et de farine pour le moule

C'est celui qu'on fait sans réfléchir, quand l'envie d'un dessert réconfortant nous prend le dimanche, quand les copines débarquent pour le goûter, ou quand il faut quelque chose de simple et de bon pour l'école ou après un match.

Préparation

1 **Préparer le chocolat :** faites fondre le chocolat avec le beurre à la casserole ou au micro-ondes (puissance douce, en remuant toutes les 30 secondes). Ajoutez le cacao en poudre, la vanille et la pincée de sel. Mélangez bien. Dans un bol, fouettez les jaunes d'œufs avec 60 g de sucre jusqu'à ce que le mélange blanchisse et devienne mousseux.

2 **Incorporer la farine :** tamisez la farine et la levure, puis ajoutez au mélange les jaunes fouettés avec le sucre. Mélangez délicatement jusqu'à obtenir une pâte lisse.

3 **Monter les blancs en neige :** battez les blancs d'œufs en neige. Quand ils deviennent mousseux, ajoutez progressivement les 60 g de sucre restants et continuez de battre jusqu'à ce qu'ils soient fermes et brillants.

4 **Assemblage :** incorporez le chocolat fondu à la pâte en mélangeant bien. Ajoutez ensuite les blancs en neige en trois fois, en mélangeant délicatement avec une spatule pour ne pas casser la légèreté.

5 **Cuisson avec cœur coulant** : beurrez et farinez un moule à gâteau (ou des petits ramequins individuels). Versez la moitié de la pâte dans le moule. Déposez un carré de chocolat au centre, puis recouvrez avec le reste de la pâte.

6 **Cuisson** : four préchauffé à 180 °C.
Pour un grand gâteau : 20 à 22 minutes.

7 *Pour des petits gâteaux individuels :*
10 à 12 minutes. Le dessus doit être légèrement craquelé mais encore tremblotant au centre.

8 **Dégustation :** Laissez reposer 5 minutes avant de démouler. Saupoudrez de cacao ou de sucre glace. Dégustez chaud pour un cœur bien coulant !

Astuce

On aime bien préparer la pâte très à l'avance. On remplit les moules et go au frigo. Il suffira de les enfourner juste avant de servir pour un dessert chaud et ultra gourmand !

← Gâteau au Chocolat

Gâteau au yaourt

POUR UN MOULE À CAKE OU ROND DE 20 CM

Ingrédients

1 pot de yaourt nature (ou skyr ou yaourt maison – garde le pot pour les mesures)

2 pots de cassonade

3 œufs

3 pots de farine

1 sachet de levure chimique

½ pot d'huile végétale

1 c. à c. de vanille liquide ou de cannelle (au choix)

Pépites de chocolat, zeste de citron, fleur d'oranger, pâte à tartiner, fruits caramélisés… (facultatif et au choix)

> La première recette que Vanessa a apprise à l'école… et qu'elle transmet aujourd'hui à ses filles.

C'est la base des bases, la recette qu'on fait les yeux fermés, celle qui rassure et qui régale à chaque fois. C'est surtout le premier gâteau qu'on laisse faire aux enfants sans les aider. Elles adorent mesurer avec le pot, casser les œufs, lécher la cuillère (évidemment), et surtout… le personnaliser ! Pépites de chocolat, cœur à la pâte à tartiner, fruits caramélisés, yaourts maison… chacun y met sa touche. Et la déco devient un vrai atelier de créativité.

Préparation

1 Préchauffez le four à 180 °C (th. 6).

2 **Préparer la pâte :** dans un grand bol, videz le yaourt. Utilisez le pot pour mesurer la cassonade et versez les 2 pots. Mélangez. Ajoutez les œufs un à un, puis la farine, la levure et l'huile. Mélangez jusqu'à obtenir une pâte bien lisse.

3 **Personnaliser :** *Vous voulez un cœur fondant ?* Versez la moitié de la pâte dans le moule, ajoutez une belle cuillère de pâte à tartiner au centre, puis recouvrez du reste de pâte.

4 *Vous voulez du croquant ?* Ajoutez des pépites de chocolat ou des fruits secs, ou caramélisez des fruits dans un peu de beurre, de sucre et de cannelle, puis ajoutez-les à la pâte avant cuisson.

5 **Cuire :** versez la pâte dans un moule beurré et fariné ou chemisé de papier cuisson. Enfournez pour 35 à 40 minutes. Vérifiez avec la lame d'un couteau : elle doit ressortir sèche.

6 Laissez tiédir avant de démouler… et laissez les enfants s'occuper de la déco si le cœur leur en dit !

Le week-end et en vacances, on prend le temps.
Rien ne presse. On adore s'attarder autour du petit déjeuner... et encore plus quand il y a des amis à table.

Gâteau sans farine

comme un nuage

POUR 6 PERSONNES

Ce gâteau, c'est un de mes chouchous : simple, sans farine, super moelleux, et parfait à garnir selon l'humeur du jour. Une version gourmande avec de la pâte à tartiner, ou une version plus légère avec une compote maison sans sucre.

Parfait pour un goûter, un dessert rapide.

Ingrédients

150 g de sucre

6 œufs

Le jus d'1 citron

160 g de fécule de pomme de terre

Préparation

1. Préchauffez le four à 180 °C.
2. Séparez les blancs des jaunes. Dans un grand saladier, fouettez les jaunes d'œufs avec le sucre jusqu'à ce que le mélange blanchisse.
3. Ajoutez le jus de citron, puis la fécule petit à petit, en mélangeant bien pour éviter les grumeaux.
4. Montez les blancs en neige bien fermes, puis incorporez-les délicatement à la pâte à l'aide d'une spatule.
5. Versez la moitié de la pâte dans un moule rond (beurré ou chemisé si besoin), puis l'autre moitié dans un second moule de même taille.
6. Enfournez pendant 25 à 30 minutes, jusqu'à ce que les génoises soient dorées et que la lame d'un couteau ressorte sèche.
7. Laissez refroidir complètement, puis garnir :
8. *Pour la version gourmande :* étalez généreusement de la pâte à tartiner entre les deux génoises.
9. *Pour la version plus légère :* optez pour une compote de pomme sans sucre ajouté (ou tout autre fruit).

Cake de l'hiver enchanté

POUR 1 CAKE

Ingrédients

3 œufs

1 yaourt nature (125 g)

2 c. à s. d'huile de coco fondue

3 c. à s. de miel liquide

1 citron (zestes + moitié du jus)

100 g de farine

50 g de poudre d'amande

1 sachet de levure chimique (11 g)

1 c. à c. de cannelle

Un cake réconfortant et parfumé, parfait pour les longues soirées d'hiver. Moelleux et délicatement épicé, il allie la douceur du miel, la chaleur de la cannelle et la fraîcheur du citron. À déguster avec une chantilly et une tisane à la cannelle, bien installé sous un plaid devant un film de Noël.

Préparation

1. Préchauffez le four à 160 °C (chaleur tournante). Graissez un moule à cake ou chemisez-le de papier cuisson.
2. Séparez les blancs des jaunes d'œufs.
3. Dans un grand saladier, fouettez les jaunes d'œufs avec le yaourt, l'huile de coco fondue, le miel, le jus et les zestes de citron.
4. Ajoutez la farine tamisée, la poudre d'amande, la levure chimique et la cannelle. Mélangez jusqu'à obtenir une pâte homogène.
5. Montez les blancs en neige avec une pincée de sel, jusqu'à ce qu'ils soient bien fermes.
6. Incorporez délicatement les blancs montés à la pâte à l'aide d'une maryse, en soulevant la masse pour préserver leur légèreté.
7. Versez la pâte dans le moule et lissez le dessus.
8. Enfournez pour 35 à 40 minutes à 160 °C. Vérifiez la cuisson en insérant la lame d'un couteau au centre : elle doit ressortir propre.
9. Laissez refroidir dans le four entrouvert pour éviter que le cake ne retombe, puis démoulez délicatement.

Cookie géant à partager

POUR 1 COOKIE GÉANT À PARTAGER

Tout le monde n'aime pas la même chose... mais tout le monde aime le cookie.

Cette recette est devenue un classique des goûters en famille ou entre amis.

Un cookie géant qu'on pose au milieu de la table, et où chacun pioche son morceau préféré. Un côté chocolat noir, un côté chocolat au lait... et parfois un petit mélange des deux pour les plus gourmands.

C'est simple, rapide, personnalisable, et surtout parfait pour partager un bon moment tous ensemble.

Ingrédients

200 g de beurre mou

200 g de sucre roux

2 œufs entiers

1 c. à c. d'extrait de vanille

350 g de farine

1 c. à c. de levure chimique

1 pincée de sel

100 g (ou plus) de pépites de chocolat noir ou de chocolat coupé grossièrement

100 g de pépites de chocolat ou lait ou de chocolat coupé grossièrement

Tout ce que vous aimez à mettre dessus : pépites de chocolat noir, lait, blanc, noisettes, Smarties, M&M'S, caramel...

Préparation

1 Préchauffez votre four à 180 °C.

2 Dans un saladier, mélangez le beurre mou avec le sucre roux jusqu'à obtenir une texture crémeuse.

3 Ajoutez les 2 œufs et la vanille. Mélangez bien.

4 Incorporez la farine, la levure et le sel. Mélangez jusqu'à former une belle pâte à cookie. (Si la pâte colle trop, n'hésitez pas à remettre de la farine.)

5 Sur une plaque recouverte de papier cuisson, formez un grand cercle avec la pâte (environ 1,5 cm d'épaisseur).

6 Et là, place à la créativité : chacun doit ajouter ce qu'il veut sur sa partie du cookie.

7 Enfournez pour 15 minutes, éteignez le four et laissez le cookie à l'intérieur (il va continuer à cuire).

Le petit secret pour un cookie parfait

On aime bien préparer la pâte très à l'avance. On remplit les moules et go au frigo. Il suffira de les enfourner juste avant de servir pour un dessert chaud et ultra-gourmand !

C'est pas toujours bien rangé, ni hyper organisé...
mais c'est nous. Un moment mère-fille autour
de notre recette de cookies préférée.

Même les journées chargées méritent
une pause. Le goûter, c'est un rituel.
Un petit moment volé qu'on ne rate jamais.

Mug cake léger au chocolat

POUR UN MUG

Les mugs cakes sont parfaits quand on veut un petit goûter sans sortir tout le matériel de cuisine… et aussi quand on préfère éviter d'avoir à finir les restes de gâteau toute la semaine ! Juste une tasse, quelques ingrédients, et voilà un goûter express à savourer à deux.

Préparation

1. Dans un mug, placez les carrés de chocolat et le lait, puis faites chauffer au micro-ondes pendant environ 20-30 secondes pour faire fondre le chocolat. Remuez jusqu'à obtenir un mélange lisse.

2. Ajoutez la farine, le sucre, la levure, l'huile (facultatif), et l'œuf au mélange chocolaté. Mélangez bien pour obtenir une pâte homogène.

3. Faites cuire au micro-ondes pendant 1 minute à 1 minute 30 à la puissance de 800 watts. Surveillez bien le mug cake pour qu'il reste moelleux.

4. Laissez refroidir légèrement et déguster !

Ingrédients

3 carrés de chocolat noir ou au lait

3 c. à s. de lait (écrémé ou végétal pour une version plus légère)

3 c. à s. de farine

1 c. à s. de sucre (ou édulcorant pour alléger)

1/4 c. à c. de levure chimique

1 c. à c. d'huile végétale (ou sans huile pour une version encore plus légère)

1 œuf

Eau fraîche parfumée

POUR 1 GRANDE CARAFE

Ingrédients

1 L d'eau bien fraîche

1 citron jaune coupé en fines rondelles

Quelques feuilles de menthe fraîche

Quelques feuilles de basilic frais

Beaucoup de glaçons

La boisson qui donne envie de boire de l'eau.

Dès que les beaux jours arrivent, cette carafe est toujours sur la table. C'est la boisson des déjeuners dehors, des goûters en terrasse, ou juste des journées un peu chaudes où l'on veut boire sans se forcer.

C'est frais, c'est joli, ça sent bon... et surtout, ça change de l'eau plate un peu triste.

Préparation

1 Dans une grande carafe, mettez les rondelles de citron, les feuilles de menthe et les feuilles de basilic.

2 Ajoutez les glaçons.

3 Remplissez avec de l'eau bien fraîche.

4 Laissez infuser au frais au moins 30 minutes avant de servir.

5 Servez bien frais... et remplissez la carafe à mesure de la journée.

Conseil

Vous pouvez la préparer le matin pour la journée. Essayez avec de l'eau pétillante. Vous pouvez également ajouter un brin de romarin ou de thym.

POIVRE

Merci !

Ce livre, c'est bien plus qu'un recueil de recettes : c'est une part de moi, de nous.

Merci à ma grand-mère Gemma pour les moments passés ensemble à écrire certaines recettes.

Merci à mes parents, Patricia et Didier, qui m'ont transmis une cuisine faite avec amour, sans prétention, mais toujours avec le cœur.

On a tous une histoire autour d'un plat, d'une odeur, d'une saveur. La cuisine a ce pouvoir incroyable : elle rassemble, elle réconforte, elle soigne les chagrins, elle crée du bonheur.

Et tant que ces plats vivront, nos souvenirs vivront aussi.

Ce livre est pour toi… Luciano. Ta cuisine me manque, mais tes recettes me ramènent à toi, à chaque fois. ♡

Vanessa

Ce livre, c'est un projet de cœur, né à deux, un hommage à la famille, aux amis, à tous ces moments où la cuisine devient un prétexte pour se retrouver, parler fort, rire, et partager.

Je n'ai pas appris à cuisiner dans les livres. J'ai observé, humé, goûté, testé. Une recette n'est jamais figée : elle se vit, elle se transforme, elle s'adapte. Il ne faut pas trop en faire, juste cuisiner avec cœur et générosité.

J'admire les grands chefs, ces poètes du goût qui racontent des histoires dans une assiette. Mais ce que j'aime le plus, c'est la cuisine du quotidien : celle qui réconforte, qui rassemble, qui apaise. Celle qu'on partage sans prétention, avec ceux qu'on aime.

Ce livre m'a permis de passer d'excellents moments avec ma famille, de retrouver des recettes, de les faire goûter à nos enfants, de les tester avec nos amis. Et, entre chaque ligne, un clin d'œil à ma « Mémé Blanche ». Elle m'a élevée. Elle m'a transmis le goût des choses simples faites avec amour. Elle n'est plus là, mais elle continue de m'accompagner dans chaque geste, chaque souvenir, chaque préparation culinaire.

David

Un merci à tous les nôtres

Merci à nos filles, qui se sont pliées au jeu avec bonne humeur, et aux amis qui ont goûté (parfois plusieurs fois la même chose...). Merci à notre famille pour son soutien, leur patience et leurs souvenirs partagés.

Merci à Élise et à toute l'équipe de chez Flammarion, qui ont cru en ce projet dès les premiers échanges, avec justesse, bienveillance et enthousiasme.

Ce livre est une trace de tout cela. Un peu de nous, pour aujourd'hui et pour demain. Et si, en le refermant, il vous donne envie d'inviter, de partager un bon repas, de rallonger un goûter... alors notre mission est accomplie.

Vanessa & David Douillet

Table des matières

Soupes et bouillons

Salés, Starters et plats

Sucré, petits déjeuners, desserts et goûters

Achevé d'imprimer
en septembre 2025
par PPO, France